유럽
,
빵의
위로

팍팍한 일상을 달달하게 만들어 주는 나만의 빵 테라피

유럽, 빵의 위로

글·사진 구현정

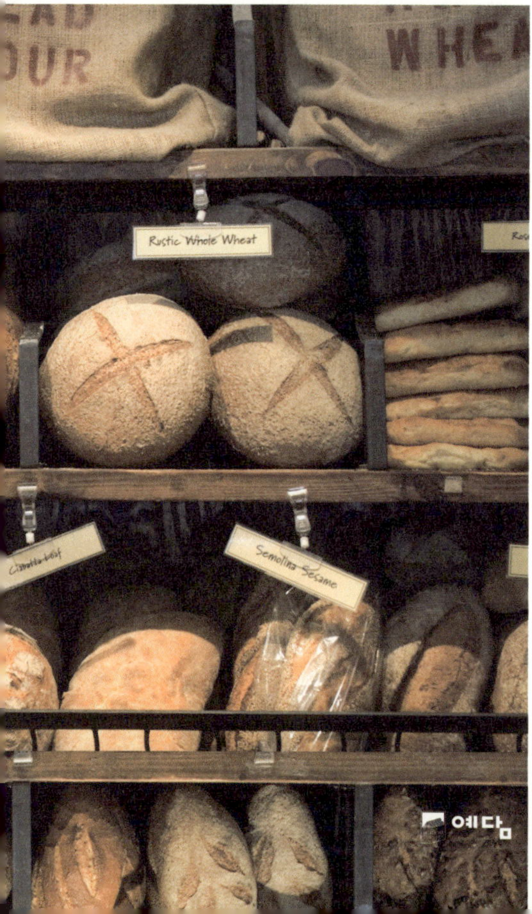

contents

Prologue.
빵으로 행복했던 적 있나요   009

Chapter 1.
내 하루가 생각납니다

일상의 빵

감출 수 없는 행복의 맛 ● 브레첼 독일 뮌헨
016

타인의 맛있는 일상 ● 바게트 프랑스 파리
● 팽 오 쇼콜라 프랑스 아를
027

사과, 시나몬, 바닐라… 완벽한 하나를 위해 모이다
● 아펠 슈트루델 오스트리아 잘츠부르크
040

내 아침의 빵들 ● 브뢰첸 독일 베를린
● 크루아상 프랑스 앙시
● 브리오슈 독일 뮌헨
051

친구가 되기까지… 2년 ● 브로트 독일 뮌헨
064

RECIPE 브리오슈   075

Chapter 2.
그곳이 떠오릅니다

여행에서 맛본 빵

조건 없이 너를 좋아해 ● 자허 토르테 오스트리아 비엔나
―――― 080

달콤하고 쫀득한 터닝포인트
　　　　　● 와플 벨기에 브뤼셀
―――― 091

알자스 포도밭에서 만난 고소함!
　　　　　● 구겔호프와 마카롱 코코 프랑스 리크위르
―――― 101

노르웨이 빵… 소박했던 행복했던
　　　　　● 스콜볼레와 크란세카케 노르웨이 베르겐
―――― 110

맛있는 눈송이를 만나는 방법
　　　　　● 슈네발 독일 로텐부르크
―――― 121

RECIPE 크란세카케　　　　　　　　　　　　　　131

Chapter 3.

당신을 기억합니다
누군가를 떠오르게 하는 빵

쿠흔다메를 만나러 갑니다
- 모차르트 토르테 오스트리아 잘츠부르크
———— 136

시칠리아의 가장 달콤한 여인, 페페
- 돌체 그리고 카놀리 이탈리아 시칠리아
———— 148

다시 찾은 맛   • 마카롱 프랑스 디종
———— 160

H의 슈톨렌을 좋아해 • 슈톨렌 독일 드레스덴, 뮌헨
———— 172

드뷔시와 할머니
- 폴렌타 이탈리아 베르가모
- 판포르테 이탈리아 시에나
———— 182

RECIPE 크리스마스 쿠키 : 바닐레키퍼, 슈피츠부벤   193

Chapter 4.
그날은 특별합니다

특별한 날의 빵

크리스마스의 맛있는 장면들
- 파네토네 이탈리아 우디네
- 판도로 이탈리아 베로나
- 렙쿠흔 독일 아우크스부르크

200

내 친구의 웨딩케이크
- 토르타 비앙카 이탈리아 페루자
- 쇼콜라덴 토르테 독일 뮌헨

219

꿈을 깨거나 꿈을 꾸거나
- 프리톨레와 갈라니 이탈리아 베네치아

237

뮌쉬너 율리안의 백일상
- 프린츠레겐텐 토르테와 브로트차이트 독일 뮌헨

247

마지막 밤과 첫 새벽 사이에
- 마지판과 크라펜 독일 뮌헨

257

Epilogue.
울름 빵문화 박물관에서   267

PROLOGUE

빵으로 행복했던 적 있나요

나는 빵을 잘 알거나 잘 만드는 전문가가 아니다.
그렇다고 빵을 너무 좋아해서 밥보다 즐겨 먹지도 않는다.
그런 내가 빵에 대해 어떤 이야기를 할 수 있을까.

독일에서의 4년. 내 하루에는 꼭 빵을 만나는 시간이 있었다. 아침의 식탁에서 혹은 오후의 카페에서. 이른 아침에 빵을 사러 가는 길은 내가 하루 중 가장 좋아하는 순간이었다.

우리 집 건너편에 있던 막스포어슈타트 베커라이. 동네에서 가장 먼저 불을 밝히고 새벽부터 빵을 찾는 이들을 기다린다. 부지런한 기분을 안겨 주는 차가운 새벽 공기를 마시며 빵집으로 가는 길. 작은 빵바구니를 든 아랫집 아주머니와 인사를 나누고, 출근을 서두르는 자전거 부대 옆을 지나며, 빵집 문 앞에서는 유치원 가는 딸에게 브레첼을 쥐어 주는 키 큰 아저씨도 만난다.

그 짧은 순간엔 방금 구워 나온 따뜻한 브뢰첸을 만나는 설렘도 있다.

"모르겐(Morgen)!"

시원스럽게 인사를 건네는 사라 아주머니. 빵을 싸주면서 어젯밤 축구 경기에서 노이어가 골을 막았어야 했다며 인상을 쓰기도 하고, 옆집 개가 밤부터 짖어서 오늘 빵에는 개 짖는 소리가 들어갔다는 농담도 건넨다. 손님들은 아주머니의 이야기에 함께 고개를 끄덕이기도 하고, 서로 얼굴을 보며 한바탕 웃기도 한다.

그렇게 따뜻한 아침의 일용할 양식을 안고, 낯선 이들과 짧지만 즐거운 교감을 나누고, 길거리에서는 출근하는 이들의 활기 띤 얼굴에서 건강한 긴장감도 느끼며 집으로 돌아온다. 이른 아침 빵을 사러 가는 길을 좋아한 후로 나에겐 게으름도 배고픔도 남의 얘기가 되었다.

여행길에서도 예외는 아니었다. 아침에 숙소 근처 빵집을 찾는 일은 여행의 또 다른 즐거움이기도 했다. 국경을 넘으면 사람들도 다르고 언어도 다르고 빵도 다르다. 그러나 이른 아침 가장 일찍 문을 여는 곳이 빵집이며, 그들의 아침 일상 풍경이 가장 잘 녹아 있다는 것도 어딜 가나 다르지 않다.

다른 나라의 빵집은 동네 빵집처럼 안락한 기분을 느낄 수 있

는 동시에 미지의 맛을 만날 수 있는 공간인 셈이다. 게다가 갓 구운 빵을 마음껏 먹어도 동전 몇 개면 충분하다.

여행길에는 새로운 빵을 발견하고 그 특별한 맛을 경험하는 즐거움이 있다. 대부분 그 빵들은 그 지역과 관련된 이야기들을 가지고 있다. 그래서 여행자는 그곳의 오래된 성이나 분위기 있는 골목길을 떠올리는 것처럼 빵맛으로 혹은 그 이야기로 여행의 공간을 기억할 수 있다.

그건 새로운 감각으로 불러오는 추억.

빵이 먹고 싶어 그곳을 그리게 되는지, 그곳을 생각하니 그 빵이 아른거리는지 알 수 없게 될 때도 있다. 전혀 기대하지 않은 순간에 다가오는 빵의 냄새, 냄새가 가져다주는 맛있고 행복했던 여행의 순간들.

삶도, 여행도, 음식도, 빵도 결국은 사람 때문에 맛이 더해지는 것 같다.

포르투칼에서 사온 마데이라 와인을 넣어 스펀지케이크를 구워 주던 뮌헨 집 아래층 할머니, 조용하게 지날 뻔했던 생일날 미니 초콜릿케이크를 구워다 준 친구 크리시, 축구 보면서 맥주랑 먹으려고 사온 브레첼이 너무 많다면서 나눠 주었던 뮌헨 옆집 총각, 나의 독일어 발음을 고쳐 주면서 빵 이름을 정확히 알려 주었던 베를린 아래층 빵집 아가씨, 컵케이크 한 조각을 먹는

내내 말상대를 해주었던 뮌헨 비어마헨 컵케이크의 주인할머니, 며칠간 단골이 되면서도 행복했던 프로방스 빵집의 친절한 아주머니 아저씨…….

그리고 빵을 함께 만드는 즐거움을 알게 해준 내 친구 게랄드, 크리시, 루카, 페페.

나는 이들 덕분에 빵을 사면서부터, 함께 먹는 동안 그리고 만들어서 나누는 순간까지의 기쁨을 알게 되었다.

카스텔라와 단팥빵이 있는 서울로 돌아와, 독일에서 유럽 어느 곳에서 함께했던 빵들을 이젠 '추억의 맛'이라 부른다.

내가 추억하는 그 맛은 딱딱하기도 하고 부드럽기도 하고, 턱이 시리도록 달콤하기도 하고, 미간을 찡그릴 정도로 시큼하기도 하다. 그리고 그 맛이 추억하는 장면에는 설렘과 기쁨이 묻어나며, 친구들의 웃음소리가 들리며, 만남과 헤어짐의 순간이 있다.

나는 그 이야기를 해보려고 한다.

Chapter 1.

내 하루가
생각납니다

일상의 빵

감출 수 없는 행복의 맛

브레첼(독일 뮌헨)

검푸른 하늘빛, 코끝에 와닿는 타향의 냄새, 시차로 무기력해진 정신…… 2008년 여름밤, 베를린 테겔 공항에서 독일 땅을 처음 밟았다. 결혼식을 마친 후에 한 달 먼저 베를린으로 떠났던 남편을 독일 땅에서 보니 반가우면서도 낯선 기분이 들었다. 공항으로 마중 나온 그의 손에는 작은 종이봉투가 들려 있었다.

"먼 길 오느라 고생했어. 아내가 좋아할 것 같아서 오는 길에 샀어. 브레첼이야."

그가 건네준 봉투에는 갈색으로 예쁘게 구워진 브레첼 두 개가 들어 있었다. 남의 집에 데려다 놓은 강아지처럼 조금은 움츠러들었던 내 얼굴에 화색이 돌기 시작한 건 브레첼을 받아 들고서였다.

설렘과 두려움이 교차되었던 그때, 두 팔을 모은 듯 정다운 모습을 하고 나를 바라보았던 빵 하나.

그것이 독일에서의 첫 빵이었고, 그 이후 나의 독일 생활에서 언제나 함께하는 빵이 되었다.

매일매일 만나도 좋은

내가 반했던 브레첼의 생김새. 간판에 매달려 있는 모양을 보면 리본 같아 보이기도 하고, 숫자 8을 늘려 놓은 것처럼 보이기도 하고. 일반적으로 빵에 기대하는 모습은 아니다. 짭짤하고 쫀득한 맛도 좋았지만, 나는 그 특별한 생김새가 마음에 들었다.

브레첼(Brezel)의 어원은 라틴어 브라치움(braccium)에서 나왔다고 한다. 현대 영어로 '팔(arm)'과 '가지(branch)'라는 뜻을 갖고 있으며, 기독교인들이 기도를 할 때 가슴에 손을 포개 얹거나 두 손을 모아 기도하는 모습을 본떠서 만들어졌다는 얘기가 전해진다. 빵이 가질 수 있는 한없이 경건한 그 모습을 마주하게 되면, 함부로 빵을 뜯으려 했던 손이 움찔할 때가 있다. 나는 브레첼을 거칠게 대하지 않기로 했다. 하루에 몇 번씩 만나더라도 말이다.

브레첼이 있는 풍경 중 내가 가장 좋아했던 건 엄마와 아기가 브레첼을 나눠 먹는 장면이었다. 참 흔했지만 그 모습이 예뻐서 늘 쳐다보곤 했다. 독일에서는 어린 아기들의 국민간식이라고도 불리는 브레첼. 배고파 우는 아이에게 브레첼 하나 입에 물려주면 먹기도 하고 장난감처럼 손으로 가지고 놀기도 한다. 그걸 볼 때마다 우리 아이가 자라서 엄마랑 브레첼을 나누어 먹는 그날을 기다리게 된다. 나의 작은 브레첼 로망이 생겼다.

낯설다 할 때가 언제였던가. 짜다고 할 때가 언젠가 싶다. 아침에 일어나 밥하기 싫으면 아래층 빵집에 가서 브레첼을 사온다. 짭짤한 빵 사이로 버터를 듬뿍 바르면 든든하게 아침식사 해결이다. 외출해서 점심때를 놓치면 가장 만만한 것이 또 브레첼이다. 브레첼 하나 사서 입에 물고 거리를 걷고 지하철을 탄다. 집에 돌아오는 길. 빵집에서는 브레첼 세일을 한다. 1유로에 세 개라는 말에 덥석 빵봉지를 안고 온다.

브레첼 빵의 특성상 오래두면 딱딱해져서 맛이 없기 때문에 그 핑계로 축구경기 보면서 맥주와 함께 금세 다 먹어 버린다. 하루에 브레첼을 다섯 개 먹으면서 나 스스로에게 놀란 적이 한두 번이 아니다.

베를린 대성당이나 오페라하우스 앞을 지날 때 길거리에서 커다란 바구니에 브레첼을 담아 놓고 파는 이들을 종종 보게 된다. 날씨가 좋고 관광객이 많은 날이면 브레첼 바구니는 금세 동이 난다. 그런데 바람이 몹시 불거나 눈비가 곧 올 것 같은 날에는 브레첼 바구니가 좀처럼 줄지 않는다.

베를린 대성당 앞에서 브레첼을 팔던 가냘픈 여자가 있었다. 자기 덩치보다 큰 바구니를 앞에 두고 시린 손을 주머니

에 넣은 채 작은 목소리로 브레첼을 사라고 외치는 그녀. 궂은 날엔 나는 그녀를 그냥 지나칠 수가 없었다. 브레첼 두 개를 사서 집으로 돌아온다.

퇴근한 남편은 식탁 위에 놓인 두 개의 브레첼를 보고 흠칫 놀란다. 보통 브레첼은 손바닥 크기만 한 게 일반적인데, 그녀가 파는 브레첼은 내 얼굴보다 더 크기 때문에. 그런 날은 동정심이 부른 브레첼 과식의 밤을 맞게 된다. 그래도 그 여인이 비가 오기 전에 바구니를 비우고 집으로 돌아갔다면, 브레첼 먹느라 입 아프고 배가 터질 듯해도 썩 괜찮은 기분.

이렇게 질리지 않는 빵이 있을까.

브레첼과 행복해지는 방법

브레첼은 짭짤한 맛과 쫀득쫀득한 식감 때문에 맥주와 더없이 잘 어울린다. 특히 독일 남부에서 날씨 좋은 날 비어가르텐에 앉아 맥주 한 잔과 거대한 브레첼 하나를 즐기는 이들을 보면, 그보다 더 좋을 수 없다는 표정들이다.

옥토버페스트에서도 맥주와 더불어 불티나게 팔리는 것이 바로 브레첼이며, 옥토버페스트를 상징하는 몇 가지 중에 브레첼은 빠지지 않는다. 그래서인지 옥토버페스트에는 비어

텐트만 있는 것이 아니라 빵의 궁전도 있다는 사실.

뮌헨에서 가장 유명한 빵집인 리샤르트(Rischart)는 수많은 비어텐트 사이에 헨젤과 그레텔의 과자집처럼 동화적인 건물을 하나 짓는다. 온갖 빵과 과자로 꾸민 그곳에 들어가면 브레첼을 위한 공간이 있다. 벽과 테이블 모두 브레첼로 꾸며져 있어서 어른들이 맥주에 취하는 사이 아이들은 브레첼을 입에 물고 그들의 공간에서 즐거워한다. 옥토버페스트에서는 분명한 것 같다. 브레첼은 빵의 나라에서도 으뜸이라는 것.

독일에서는 맥주 마시면서 안주를 고민해 본 적이 없다. 브레첼은 기본이니까. 맥주와 더불어 독일을 대표하는 음식 중 하나가 소시지. 그 소시지와도 브레첼은 훌륭하게 어울린다. 뉘른베르크의 손가락 크기만 한 작은 소시지들을 샛노란 겨자에 찍어 먹을 때 주로 곁들여 먹는 빵이 브레첼이다. 특히 바이에른 주에서 유명한 흰 소시지(Weiss Wurst)는 달콤한 겨자에 찍어 꼭 브레첼과 함께 먹는 것으로 유명하다. 뮌헨에 살게 되면서 아침식사로 참 많이 먹었던 조합이다.

그리고 내가 좋아하는 브레첼의 친구는 버터와 스파클링 워터다. 독일어로 '부터브레첼(Butterbrezel)', 버터가 삐져나오도록 푸짐하게 발려 있는 브레첼은 이른 아침 빵집의 인기 메뉴다. 60센트짜리 브레첼이 버터 한아름 안고 2유로로 변신해도 너도나도 사려고 하니, 그 환상적인 맛의 조합은 먹어보지 않으면 짐작할 수 없다. 그리고 목이 따끔하도록 탄산이 센 스파클링워터 한 모금 마시면, 세상에 이렇게 고소하고 개운한 한 끼는 없다.

브레첼의 변신이 즐겁다

뮌헨에서 두 시간 걸리는 옆동네 잘츠부르크. 그러나 그곳은 독일이 아니라 오스트리아다. 국경을 넘어가는 도시라고 하지만 음식은 뮌헨에서 먹는 것들과 고만고만하게 비슷한데 브레첼은 참 많이 다르다. 게트라이데 거리 한 블럭 뒤편의 시장에서 파는 브레첼은 내가 기억하는 종류만 해도 8가지가 넘고, 크기도 옥토버페스트의 거대 브레첼에 견줄 만큼 크다.

독일 남부나 오스트리아에서는 브레첼이 아니라 브레첸(Brezen)으로 불리기도 하는데, 잘츠부르크에서는 브레첸이라고 부른다. 혼자 사서 먹기엔 부담스러운 크기지만 양귀비 씨가 귀엽게 붙어 있기도 하고, 사과잼이 발려 있기도 하고, 피자맛이 나기도 하니, 그 맛이 궁금해서 한 번쯤 사먹게 되는

것 같다.

 그중에서 가장 우습기도 하고 그러려니 하는 브레첼이 있는데, 바로 모차르트 브레첼. 초콜릿 듬뿍 발라 작은 모차르트 얼굴까지 종이로 붙여 놓았다. 온통 모차르트를 기억하는 이 도시에서는 이상할 것도 없지만 처음 보았을 땐 웃음이 피식 났더랬다.

 2.5유로나 되는 비싼 그대여, 혼자 먹기엔 너무 큰 당신이지만 그래도 골라먹는 재미 하나는 인정해야겠다, 덩치 큰 잘츠부르거 브레첸!

 쾰른에 가면 커피와 잘 어울리는 브레첼을 만날 수 있다. 바로, 달달한 견과류가 붙어 있는 누스브레첼(Nussbrezel). 뮌헨에서도 사랑받는 브레첼이지만 그 건실한 모양이나 크기와 맛은 쾰르너 브레첼을 따라갈 수가 없다.

 약간은 지루했던 쾰른 여행의 끝에서 맛본 누스브레첼은, 쾰른을 대성당이 있는 도시로 떠올리기 전에 커다랗고 맛있는 브레첼이 있는 곳으로 기억하게 만들었다. 이른 아침 따뜻하고 진한 커피 한 잔과 누스브레첼 하나면 달콤쌉싸름한 기분으로 물들 수 있기에.

4년간의 독일 생활을 마치고 한국으로 돌아가는 길. 뮌헨 공항 루프트한자 라운지에서 독일 땅에서의 마지막 점심을 먹었다.

나의 접시엔 가장 먼저 브레첼이 담겼다. 독일 하면 가장 그리울 것 같은 나의 빵. 브레첼은 독일에서 내 하루의 시작이었고, 수많은 여행의 충실한 동반자였다.

다시 시작할 날을 기다리며, Meine Brezel Tagebuch(나의 브레첼 다이어리), 여기서 잠시 멈춤.

BAGUETTE
PAIN AU CHOCOLAT

타인의 맛있는 일상
바게트(프랑스 파리), 팽 오 쇼콜라(프랑스 아를)

France

나의 주목을 받지 못하는 빵들이 있었다. 길쭉하기만 하고 맛은 그저 그런 빵과, 너무 흔해서 맛있다는 생각을 해본 적이 없는 빵.

어느 날 내 빵의 취향과 선호도에 큰 영향을 미치는 여행을 하게 되었고, 이후 그들은 나의 일상에 빠질 수 없는 빵으로 자리를 잡았다. 두 빵이 거머쥔 역전의 이야기. 그 시작은 8년 전 프랑스 파리에서 미미하게 시작되었다.

바게트를 든 파리지엔느

바게트가 왜 맛있을까. 한국에서 바게트를 사먹는 일은 거의 없었다. 유럽의 이미지를 가장 여실하게 지닌 멋스러운 빵이기는 하지만, 사실 그 빵 자체만으로 맛있다는 생각이 들지 않았다. 바게트를 찾는 경우엔 플레인보다는 마늘바게트를 집어 드는 경우가 많았다. 담백한 맛이 매력이라고는 하지만 뭔가 부족한 느낌이 드는 건 부정할 수 없었다.

그렇게 바게트는 내가 원하는 빵의 조건들 중에서 '분위기가 있다'라는 점을 만족시켰으나 기본적으로 빵의 맛과 향, 계속 손이 가게 하는 그 무엇이 부족한 빵이었다. 그 이상으로 격상되기엔 바게트는 늘 그 맛이었고, 나 또한 바게트를 맛있게 먹고자 하는 노력을 하지 않았다.

2006년 겨울에 혼자서 파리에 갔었다. 그치지 않던 비, 생제르망 거리에 흘러넘치던 젊은 기운, 라파예트 백화점의 크리스마스 장식…… 그리고 검은색으로 온몸을 두른 시크한 파리지엔느. 12월의 파리는 축축했지만 연말의 들뜬 공기가 가득했었다.

한창 차려입기를 좋아하던 그 시절의 젊은 나는 그 무엇보다도 단순하면서도 세련된 파리 여인들의 옷차림에 눈길이 갔다. 검은 코트에 검은 바지 그리고 검은 플랫슈즈, 거기에 또 검은 가방까지. 이것이 말로만 듣던 프렌치시크 룩. 빨간색 코트를 입고 파리에 도착했던 나는 그 다음 날 바로 백화점으로 달려가 검은색 코트와 가방을 샀다. 지금 생각하면 참 철없었다는 생각이 들지만, 그때는 무척이나 파리지엔느의 분위기를 풍기고 싶었던 것 같다.

그렇게 차려 입었지만 내가 여행자라는 건 바꿀 수 없는 현실. 나는 알록달록한 코트를 입은 다른 여행자들처럼 박물관에 가고 에펠탑에 오르고 카메라를 들고 세느 강변을 걸었다. 빗속에서 하루 종일 바쁘게 파리 탐험을 하느라 저녁이 되면 녹초가 되어 호텔로 돌아가곤 했다.

파리를 떠나기 전날 저녁이었다. 오후 내내 쇼핑을 하고 무거운 쇼핑백을 든 채 지하철에서 내려 호텔로 걸어가는

데, 내 앞에 금발의 커트머리를 단정하게 귀 뒤로 넘긴 눈빛이 엠마누엘 베아르를 닮은 파리지엔느가 빨간 우산을 접으며 서 있었다. 그녀는 곧 한 블랑제리로 들어갔다. 나도 뭔가를 사서 먹을까 하던 차여서 그녀를 따라 안으로 들어가 보니, 그 작은 공간에 빵을 사기 위해 사람들이 줄을 서서 기다리고 있었다. 그 저녁의 블랑제리에는 빵의 종류가 많아 보이지 않았는데 바구니들은 바게트들로 가득했다.

줄을 선 사람들은 모두 바게트를 한두 개씩 사가지고 재빠르게 블랑제리를 빠져나갔다. 내 앞의 엠마누엘 베아르도 바게트 하나를 사서 한쪽 팔로 경쾌하게 들고 사라졌.

그럼 나도 하나. 바게트 하나를 달라고 하고서 내민 지폐가 민망하게도, 그 가격은 1유로도 채 되지 않았다. 파리에 와서 내가 경험한 가장 저렴한 물가에 놀라고, 내 손에 들린 두껍고 긴 바게트에 놀라고. 나도 사라진 파리지엔느처럼 늘 바게트를 들고 다녔던 듯 자연스럽게 손에 들고 싶었는데, 안타깝게도 내 바게트는 면적도 넓어서 자꾸 손아귀에서 벗어났다.

그날 저녁, 나는 커다란 바게트를 온 호텔방에 가루를 남기며 뜯어 먹었다. 파리의 바게트는 서울의 것보다 크기도 컸지만 겉은 더 딱딱했고 속살은 더 부드러웠다. 오렌지주스와 함께 입천장이 다 허는지도 모르고 반이나 먹었다. 그리고 처음 알았다. 바게트가 쫄깃하다는 것을.

5일간의 단골, 프로방스 빵집

프로방스 지방으로 여행을 떠나면서 우리는 아를에 숙소를 두고 주변 도시들을 오갔다. 도시를 옮겨 가면서 묵을 수도 있었지만, 한 도시의 한 호텔을 집처럼 여기면서 그곳에 잠시 동화되기를 원했기 때문이다.

아를은 고흐의 그림 속에 빛나도록 아름답게 그려져 있다. 별빛이 흐르는 론강, 고흐의 노란 집, 평화로운 도개교의 풍경, 밤의 카페 테라스…… 내가 흠뻑 빠졌던 그의 그림들은 모두 아를에서 머물면서 그렸던 것들이다. 질리도록 그림 속 풍경을 직접 보고 걷고 싶었다. 그런 면에서 아를에서의 5일은 결코 길지 않은 시간이었다.

> 프랑스에 살면서 우리는 빵 중독자가 되었다. 매일 빵을 고르고 샀지만 언제나 즐거움을 안겨주는 일과였다. (중략) 나는 버섯을 이해하기 시작한 것처럼 빵에 대해서도 눈을 뜬 기분이었다. 정말 뭔가를 배운 듯한 아침이었다.
>
> - 피터 메일 〈나의 프로방스〉 중에서

아를에 머문 5일 동안 우리 또한 의도하지 않게 빵 중독자가 되었다. 아를의 카페에서 아침식사를 하려고 호텔의 조식

을 신청하지 않았던 것이 원인이었다.

아침 일찍 호텔에서 나와 주차장까지 걸어가는 그 길에 조그만 블랑제리가 있었다. 아침의 찬 공기를 타고 우리 앞에 머무르던 따뜻한 빵 냄새. 결코 거역할 수 없는 그 온기에 이끌려 들어갈 수밖에.

조용한 아침 거리와는 달리 작은 블랑제리 안은 동네 단골손님들이 삼삼오오 모여 빵을 먹으며 소란스러웠다. 어제 아침 같을 뻔했던 그들만의 리그에 작은 동요를 일으킨 건 검은 머리의 동양인 커플이었다. 잠깐 동안의 그 낯선 기류를 깬 건 빵집 주인 아주머니였다.

"Bonjour(봉쥬흐)!"

큰 소리로 인사를 건넨 아주머니는 방금 오븐에서 꺼낸 빵을 보여 주면서 맛있을 거라며 먹어 보기를 권했다. 네모나고 초콜릿이 보기 좋게 박혀 있는 그 빵, 한국에서도 흔하게 보았던 것이다. 그 친숙한 빵의 이름은 팽 오 쇼콜라(Pain au chocolat). 짧은 프랑스어로도 알 수 있는 의미, 바로 초콜릿빵.

갓 구워서 버터와 초콜릿의 향이 살아 있는 팽 오 쇼콜라는 과거에 내가 자주 먹었던 그 초콜릿빵이 아니라 전혀 새로운 빵이었다. 그 촉촉하고 향기로운 초콜릿빵 맛은 하루 종일 내 미각을 지배했다.

해가 지고 호텔로 돌아가던 길은 아침에 나섰던 길과는 다

른 방향이었다. 그 길에도 불을 밝힌 아담한 파티세리가 있었다. 콧수염을 기른 빵집 아저씨는 문밖에 나와 건너편 가게의 주인과 대화를 나누고 있었다. 잠시 그 앞에서 멈칫했더니 빵집 아저씨가 들어오라고 손짓을 했다.

아저씨의 빵들은 전혀 멋을 부리지 않았다. 작은 바구니에 두세 개 정도밖에 남지 않은 쿠키나 크루아상, 작은 갈레드 파이는 먹음직스러운 모양이라기보다는 참으로 정직하게 생겼다는 느낌을 주었다. 주인을 닮은 빵은 사랑스러웠다. 나는 작은 사과파이를 골랐는데 아저씨가 빵을 자식처럼 소중하게 조심스럽게 다루는 걸 보았다.

작은 빵 두 개를 팔며 아저씨에게는 미소가 떠나지 않았다. 빵집을 나서는 우리에게 잘 가라고 손을 흔들면서 인사까지 해주는 아저씨를 보며 생각했다.

아저씨의 단골손님이 되고 싶어요.

정말로 나는 아를의 두 빵집의 단골손님이 되었다. 비록 5일 동안이었지만.

아침이면 목소리가 우아한 아주머니의 빵집 - 정말 이 아주머니의 '메르시~'는 내가 들어본 프랑스어 중 최고로 아름다웠다 - 에 팽 오 쇼콜라를 사는 손님으로, 오후나 저녁이면 콧수염 아저씨의 빵집에 들러 바게트나 쿠키를 사곤 했다.

아침이나 점심식사 무렵에 아를 거리를 돌아다니면 하얀

종이에 싼 바게트를 손에 들거나 배낭 옆에 찔러 넣은 채 자전거를 타고 달리는 이들을 쉽게 볼 수 있었다. 그들이 바게트를 썰어 프로마주(치즈)와 약간의 와인을 곁들여 점심식사를 하는 모습 또한 자주 보았다.

아를에서 누리는 또 하나의 사치라면, 그림 속에 들어가 빵을 먹을 수 있다는 것이다. 고흐가 그린 도개교를 찾아갔을 때 그곳에는 그림에서 보던 빨래하는 아낙네들은 없었고, 다리 옆 잔디에 돗자리를 깔고 작은 점심 소풍을 즐기는 이들이 보였다. 우리도 아저씨의 빵집에서 샀던 치즈가 들어 있는 바게트 샌드위치와 페리에를 들고 도개교 옆에 앉아서 세상에 둘도 없는 고요와 평화로운 자연 속에서 빵을 즐겼다.

아를 사람들에게는 그저 어제와 같은 하루의 일과 중 하나일 텐데, 바게트를 먹는 이 따뜻한 오후의 순간이 그저 꿈처럼 여겨지기만 했다.

프로방스 여행을 마치고 뮌헨으로 돌아온 후에 두 빵은 전혀 다른 존재감으로 다시 태어났다. 너무 흔해서 눈길도 안 주었던 팽 오 쇼콜라를 일부러 먹기 위해 프랑스빵을 전문으로 파는 빵집을 찾았다.

아를의 아침을 연상시키는 그 따뜻하고 달콤한 맛이여.

빵집 앞에 다다르자 초콜릿빵이 먹고 싶지 않느냐고 뤼크가 물었다. (중략) 우리 둘은 초콜릿빵과 커피 에클레르를 단번에 먹어치웠다.   - 마크 레비 〈그림자 도둑〉 중에서

프로방스의 한 서점에서 보았던 마크 레비의 새로운 소설을 기억하고 한국어판을 구해서 읽는데, 유난히 소년들이 초콜릿빵을 나누어 먹는 장면이 자주 나왔다. 여기서 번역한 '초콜릿빵'이 팽 오 쇼콜라가 아닐까라는 짐작을 해보며, 책을 읽는 내내 그 초콜릿빵의 향기가 코끝에 맴돌아 결국 빵집을 찾기도 했다.

도저히 그 맛을 몰랐던 바게트의 맛에도 다시 눈을 떴다. 프랑스에서 먹던 유난히 통통하고 쿠프가 멋지게 들어갔던 바게트는 '파리지엥(Parisien)'이라는 빵이라는 걸 알게 됐다. 더 바삭하고 더 쫄깃한 그 식감이 마음에 들어서 다른 음식들과 곁들여 먹는 빵으로 자주 식탁에 올렸다. 뜨거운 라끌렛 치즈를 부어서, 혹은 굴라쉬 수프와 함께, 라따뚜이를 만들어 빵으로 남은 소스를 찍어 먹기도 하면서.

그중에서도 바게트가 가장 맛있는 순간은 살라미 한 조각을 올리거나 마음에 드는 치즈를 두껍게 바를 때가 아닌가 싶다. 가끔 햇살이 좋은 날에는 발코니에 앉아 살라미와 바게트 그리고 화이트와인 한 잔을 곁들인다.

그럴 땐 여지없이 아를 사람들의 오후 풍경이 아른아른…… 눈앞을 간지럽힌다.

APFEL STRUDEL

사과, 시나몬, 바닐라… 완벽한 하나를 위해 모이다
아펠 슈트루델(오스트리아 잘츠부르크)

Austria

사과는 나의 우주.
바닐라는 카페의 창가.
시나몬은 겨울의 기다림.
그리고 아펠 슈트루델은…… 샷츠, 나의 샷츠.

사과 단상

내가 이브였다면 인간은 계속 신의 사랑을 받았을 테고, 내가 백설공주였다면 마녀는 다른 계략을 찾아야 했을 것이다.

사과를 볼 때마다 가끔 하는 엉뚱한 상상이다. 그 발그레한 얼굴은 고혹적이고 은은한 향기는 마음을 들뜨게 할 정도로 감미롭다. 나도 기꺼이 거역할 수 없는 사과의 유혹에 넘어갈 의사가 있다. 그것이 사각사각거리지 않는다면 말이다.

사람들은 모두 사과를 먹을 때 나는 그 청량한 소리를 좋아한다. 사각사각. 왜 나는 그 소리를 들으면 솜털이 쭈뼛 서는 것 같은 작은 소름이 돋는 걸까. 사과를 가까이할 수 없는 이유가 그 맛을 별로 좋아하지 않는다거나 알레르기를 일으킨다거나 하면 그럴 수 있다고 고개를 끄덕일 것이다. 그런데 "사각거림이 싫어요"라고 했을 때 공감해 줄 수 있는 이가 있을까. 아마 없을 것이다. 우리 가족들도 그러지 못했으니까.

부모님은 유난히 사과를 좋아하셨기 때문에 우리 집에는 늘 사과가 상주했다. 식사를 마친 후에 엄마는 사과를 한두 개 가지고 와서 식탁 위에서 깎으셨는데, 그럴 때면 나는 슬그머니 자리를 뜨곤 했다. 사각사각을 피해서.

그럼에도 나는 사과를 좋아한다. 포숑의 라뽐므 티, 소비뇽 블랑 와인, DKNY의 비딜리셔스 향수…… 과일향 중에서도 가장 상큼하며 젊은 향기라고 생각되는 사과향. 나에게 차나 와인, 향수는 꼭 사과향이어야 한다.

물론 가끔 사과를 먹기도 한다. 어렸을 때 엄마는 연두빛의 조그만 사과를 자주 사다 주셨는데, 신기하게도 사각사각 소리가 안 나고 부드럽고 달았다. '인도사과'라고 불렸는데 요즘은 찾을 수가 없다. 사각거림이 전혀 없는 그 사과가 뭐가 맛있냐며 가족들은 놀리곤 했지만 나는 좋았다. 그 퍼석퍼석함…… 그리고 조금 컸을 때는 익힌 사과에 눈을 뜨기 시작했다. 사과잼이나 사과파이 같은.

사과를 보았을 때 지체 없이 생각나는 사람은 바로 아빠다. 그분의 사과 사랑은 어떤 조건에서도 변한 적이 없다. 연세에 비해서 윤기가 흐르는 젊은 피부와 건강미가 모두 매일 아침저녁으로 사과를 드시기 때문이라고 믿고 계시다. 사과를 먹지 않는 내가 사춘기 무렵 여드름으로 잠시 고생했을 때 사과를 먹지 않아서라고 말씀하시기도 했으니까.

식사 후에는 소파에 앉아 신문을 보시면서 사과를 드시는 아빠. 그 익숙하고 편안한 아빠의 아침 풍경엔 사과향이 묻어 있다. 결혼을 하고 독일로 떠난 후, 아침이면 참 그리웠던 그 풍경, 그 향기. 사과는 아빠가 사랑하는 과일, 아빠는 나에게 우주 같은 존재…… 그래서 사과는 나의 우주.

사과를 둘러싼 빵들

영어로는 애플(Apple), 독일어로는 아펠(Apfel), 프랑스어로는 뽐므(Pomme). 사과를 가리키는 이 외국어들에 익숙해진 것은 다름 아닌 빵집에서다.

독일에 와보니 사과는 국민과일이라고 할 정도로 아펠이 들어간 요리와 음료가 너무나도 많다는 걸 알 수 있었다. 시장에 가면 큰 봉지에 든 사과 4킬로그램이 5유로도 안 된다. 만 원도 안 된다는 얘긴데, 사과가 정말 싸다. 또 독일인들은 유독 사과 음료를 좋아하는데, 슈퍼마켓에서 파는 종류만 해도 수십 가지에 이르고, 감자전도 사과소스를 찍어 먹는다.

그들의 사과 사랑은 빵집에서도 확인할 수 있었다. 아펠이 붙은 케이크와 빵이 어쩜 그렇게 많은지…… 뚜껑 있는 사과케이크, 사과크림케이크, 아몬드가 박힌 사과파이, 소보루가

덮인 사과케이크, 사과시나몬롤빵 등. 크리스마스 시즌에는 아예 사과를 통째로 구워서 먹는 브랏아펠(Bratapfel)이라는 음식도 등장한다. 익힌 사과로 만든 음식들이 많다는 걸 알고 이 나라에 오길 잘했다는 생각을 아주 잠시 해보기도 했다.

한국에서도 애플파이는 직접 만들어서 먹기도 했다. 베이킹에 대한 지식과 경험이 전혀 없었는데도 익힌 사과의 달큰한 향과 부드러운 맛이 좋아서 그 번거로움을 감수하면서 만들었었다. 늘 실패도 아니고 성공도 아닌 상태로 구워져 나왔지만, 그래도 빵이 바삭하고 사과가 적당히 잘 익으면 맛있다는 생각이 들었다.

독일의 사과케이크나 파이는 설탕코팅을 덧입혀서 몇 배로 달다. 사과 자체도 달콤한데 거기에 설탕과 크림을 엄청난 양으로 곁들여 만든 스타일이 많다. 양쪽 턱 부분이 시큰할 정도로 단맛이 사과를 덮어 버린 게덱터 아펠쿠흔(gedeckter Apfelkuchen)은 우유를 넣지 않은 진한 커피와 마시면 온몸이 다 깨어나는 듯하다. 자극적인 단맛과 쓴맛이 주는 탁월하고 기분 좋은 각성.

프랑스에서도 사과를 넣은 빵의 발견은 어렵지 않았다. 쇼송오뽐므(Chausson aux Pomme)! 이것을 부를 땐 느낌표를 넣지 않을 수 없다. 애플턴오버로 잘 알려진 이 빵은 잘고 곱게 익은 사과가 안에 숨어 있다. 겹겹이 얇은 파이로 감싼 익힌 사과의 감촉은 독일의 것보다 섬세하고 여성적이다. 어떨 땐 빵 안쪽의 사과가 너무 부드러워 들고 있는 손가락 사이로 흐를 때도 있다. 손가락을 입으로 가져가는 것은 너무나 자연스러운 일. 부끄러움 따위는 아무것도 아니다.

아펠 슈트루델은… 나의 샤츠

사과가 들어간 빵이 내 유럽생활의 작은 기쁨이었던 것은 틀림없다. 그 기쁨의 모양과 맛도 제각각. 그중에서 한 가지만 꼽으라면…… 나는 망설임 없이 그 이름을 부를 수 있다. 가장 아름다운 순간이라고 기억되는 그 자리에 한 사과빵이 있었다.

베를린에 살 때 가장 좋아하던 장소가 있었다. 문학의 집이라 불리는 리터라투어하우스(Literaturhaus). 그 건물에는 겨울정원이라는 카페가 있다. 독일에서 첫겨울을 맞으며 익숙해지지 않는 그 축축한 회색 기운과 향수 때문에 계속 기분이 처졌던 때가 있었다. 글을 쓰고 싶은 욕망은 자꾸 꿈틀거리는데 습작은 더디기만 했고 마음에 들지도 않았다. 계절도 그 회색 계절 속의 나도 마음에 들지 않았다.

내가 심연을 들여다보면 심연도 나를 들여다본다…… 니

체의 말이 남의 말이 아니다 싶을 정도로 마음 깊은 곳으로 가라앉아 나오지 않는 괴물 같은 감정들이 나를 지배했었으니까.

어느 날 남편은 나에게 틀림없이 기분 전환이 될 거라며 한 곳에 데려가고 싶다고 했다. 바로 그곳이 겨울정원 카페가 있는 리터라투어하우스였다. 북카페를 좋아하는 나에게는 그 이상의 감동으로 다가왔던 문학의 장소들을 보면서, 심연으로 도망쳤던 나의 꿈과 욕망들이 파닥파닥거리며 수면 위로 올라왔다. 그건 하나의 카타르시스.

작은 정원을 걷고 겨울 공기가 처음으로 차가워서 맛있다고 느끼고 나서…… 우리는 겨울정원 카페에 앉았다. 나는 오랫동안 할 얘기들을 참았던 것처럼 쉼 없이 어제 혹은 한 달 전에 상상했던 이야기들을 늘어놓았고, 남편은 가장 편안한 눈빛과 음성으로 대답을 해주었다.

내 꿈이 살아나던 그 순간에 우리 테이블 위에는 거품이 싱그럽게 올라온 카푸치노가 있었고, 하얀 접시에는 아펠 슈트루델(Apfel Strudel)이 담겨 있었다.

얇은 빵 안쪽으로 익힌 사과 조각들이 시나몬과 버무려져 포근하게 안겨 있고, 그 주위를 바닐라 소스가 따뜻하게 감싸고 있었다. 처음 보는 것이었고 이국적인 느낌이었다. 게다가 내가 좋아하는 향기들이 모두 모여 있다니…… 사과향, 계피향, 바닐라향. 그것은 코끝으로 느끼는 회복의 환희였다.

슈트루델은 얇게 늘여 편 반죽 위에 과일이나 크림을 넣어 말아 구운 오스트리아의 명과로 유명한데, 독일이나 오스트리아 빵집 그리고 카페에서 흔히 맛볼 수 있다.

크리스마스 무렵 잘츠부르크의 어느 밤. 남편과 나는 크리스마스 마켓만큼이나 신나고 들뜬 기분을 안고 어딘가에 앉아 커피를 마시며 이야기를 이어가고 싶었다. 하지만 유명한 게트라이데 거리 주변의 모든 카페와 레스토랑은 만석이었다. 작은 골목을 따라 들어간 낮은 불빛의 한 카페. 그곳은 슈트루델 전문 카페였다.

베를린에서 느꼈던 강렬하고 행복했던 아펠 슈트루델의 시간이 장소만 바뀐 채 고스란히 되살아났다. 우리는 올 한 해를 보냈던 얘기와 내년을 향한 화사한 계획들을 나누며 나른하게 웃고 떠들었다. 그 두근거리는 설렘의 순간에도 우리 앞에는 향긋한 아펠 슈트루델이 있었다. 겨울을 망각하게 해 주는 카페 안의 온기, 내 감각을 살려내 주는 아펠 슈트루델이 가진 완벽한 향기, 그리고 익힌 사과의 느낌처럼 한없이

달고 부드럽게 내 옆을 지켜 주는 남편이 있다…… 내 영혼의 위로와 기쁨을 주는 이 모든 것.

그래서 아펠 슈트루델은…… 샤츠(Schatz, 사랑하는 사람), 나의 샤츠.

BRÖTCHEN
CROISSANT BRIOCHE

내 아침의 빵들
브뢰첸(독일 베를린), 크루아상(프랑스 앙시), 브리오슈(독일 뮌헨)

Germany & France

아침 7시에 문을 여는 그 빵 가게에서는 갓 구운 빵을 살 수 있다. 양복을 말쑥하게 차려입은 남편 - 이 사람은 빵을 별로 좋아하지 않는다. (중략) 나는 이곳에서 에스프레소를 마시고 빵을 한 개 먹는다. (중략) 빵이 담긴 봉투를 들고 돌아갈 때는 기운이 넘친다.

- 에쿠니 가오리 〈당신의 주말은 몇 개입니까〉 중에서

빵을 좋아하는 아내와 빵을 좋아하지 않는 남편. 이건 에쿠니 가오리 부부의 이야기이기도 하지만, 몇 년 전까지만 해도 우리의 이야기이기도 했다.

독일생활이 시작되었을 때 나에게 아침식사 시간은 설렘이었으나, 남편에게는 가벼운 고통으로 다가왔다. 회사에 출근하면서 아침부터 한국음식의 냄새를 풍길 수 없어서 남편은 따뜻한 밥과 국이 있는 익숙한 식탁을 포기했기 때문이다.

우리는 아침에 빵을 먹기로 했다. 한국에서도 아침에 맛있는 빵을 먹기 위해서라면 지하철 한 정거장은 거뜬히 걸어가곤 했던 나에게는 그건 쉬운 일이면서도 독일빵을 탐닉하는 두근거리는 시작이었다. 그러나 남편에게 아침의 빵은 인내의 대상이자 넘어야 할 산이었다.

베를린의 우리 아파트 1층엔 빵집이 있었다. 남편에게 줄 빵을 사기 위해 나는 그 고소한 세계로 아침마다 출근했다.

풍성하고 질서 있게 정렬된 통통한 라우겐브레첼, 스트로이젤(밀가루, 설탕, 버터, 여러 가지 양념을 섞어 만든 큰 결정)이 뿌려진 과일 조각 케이크, 아이싱설탕이 듬뿍 발린 롤빵들 사이에서 나는 황홀한 아침을 맞았다.

다분히 내 취향이 반영된 달거나 짭짤한 빵들이 그에게는 모험의 실패로 이어지길 반복하다가…… 그렇게 빵집으로의 발걸음이 변함없이 성실했던 결과일까. 드디어 찾았다. 딱딱하고 작은 빵 브뢰첸. 그것은 한없이 견고해서 무너지지 않을 것 같았던 남편의 아침식탁을 점령했다.

그의 빵, 브뢰첸

남자와 그의 브뢰첸. 얼마나 자연스럽고 아름다운 그림이란 말인가! 물론 뒤에서 수군거리는 이들은 어디에나 있다. "어쩐지 브뢰첸이 저 남자에 비해 너무 어려 보이지 않아? 언제고 브뢰첸이 나이를 먹어 신선함을 잃어버리고, 그때 마침 저 남자가 예쁜 크루아상을 만나게 된다면? 그렇게 되면 가여운 브뢰첸에게는 관계의 빵 부스러기만 남겠지……." 그러나 우리의 신뢰는 그들의 구설보다 강했다.

- 호어스트 에버스 〈세상은 언제나 금요일은 아니지〉 중에서

소설 속 호어스트 씨는 브뢰첸을 그의 소울메이트라고 여긴다. 크루아상 앞에서 흔들릴 거라고 수근거리는 사람들 앞에서도 굳건하게 브뢰첸에 대한 신뢰를 표현한다. 책장을 넘기면서 혼자 웃음을 삼켰다. 누군가와 비슷하다는 생각이 들어서다.

브뢰첸(Brötchen)은 '빵'을 뜻하는 독일어 브로트(Brot)와 '작다'는 뜻의 접미사 첸(- chen)의 합성어로 '작은 빵'이라는 의미를 가지고 있다. 독일인의 아침식사에서 빼놓을 수 없는 빵이기도 하다. 버터가 들어가지 않아 담백한 맛이며, 겉은 딱딱하나 속은 부드럽다.

주먹만 한 이 작은 빵은 다른 음식들과 어울려야 존재감을 발한다. 그 자체가 겸손한 맛을 가져서 햄과 치즈와 같은 짭짤한 맛이나, 잼 또는 초코크림 같은 단맛, 심지어 슈니첼(고기에 빵가루를 입혀 튀긴 것)과도 모두 잘 어울린다. 늘 먹어도 질리지 않는 흰 쌀밥처럼 브뢰첸은 요란하게 자신의 맛을 드러내지 않아 아침식사 빵으로 제격인 셈이다.

짜지도 달지도 그렇다고 느끼하지도 않은 브뢰첸은 결국 남편이 원하는 아침 빵에 대한 요구사항을 만족시켰다. 그는 브뢰첸 하나를 들고 나이프로 살살 반으로 가른다. 그 동작은 빵이 완전히 두 동강이 나기 바로 전에 멈춘다. 그리고 나이프로 작은 버터 조각을 부드러운 빵의 속살에 꼼꼼히 바른

다. 그 위에 살라미 두 장을 살포시 포개고 에멘탈러 치즈 한 장을 반으로 접어 넣는다. 깔끔하고 섬세한 이 과정이 끝나면 두 손으로 빵을 들고 경쾌하게 씹어 먹는다.

어떨 때는 소시지 하나를 구워서 브뢰첸 사이에 넣고 겨자와 케첩을 듬뿍 뿌려서 빵 끝으로 나온 소시지 끝부터 장난스럽게 먹기 시작한다. 그가 빵을 좋아하는 것은 아니지만, 브뢰첸을 좋아한다는 것은 확실해졌다.

우리는 질리게 않게 다양한 브뢰첸을 즐겼다. 해바라기 씨나 양귀비 씨가 붙어 있어 씹어 먹는 재미를 더하거나, 반죽에 감자나 호밀 그리고 건포도 등이 들어가 더 든든한 느낌의 브뢰첸들을. 월드컵이나 유로 시즌이 되면 축구공 모양의 귀여운 브뢰첸까지 등장한다. 이렇게 다른 식재료에 이타적이고 풍미까지 다양한 빵이 있다니.

우리의 아침식사에 대한 고민은 그가 브뢰첸을 좋아하게 되면서 자연스럽게 사라졌다. 이제 남편은 호어스트 씨처럼 브뢰첸만을 고집하지는 않는다. 빵에 마음을 점점 열기 시작한 그는 예쁜 크루아상에게도 곧잘 넘어가니까.

크루아상이 가장 맛있을 때

프루스트는 아침식사로 무엇을 먹었을까? 그의 병이 너무 심해지기 전에는 카페오레 두 잔이 그의 이름의 머리글자가 새겨진 은주전자에 담겨 나왔다…… (중략) 제대로 바삭바삭하고 고소하게 구울 줄 아는 빵집에서 하녀가 가져온 크루아상을 커피에 찍어 먹었다.

- 알랭 드 보통 〈프루스트를 좋아하세요〉 중에서

내 아침식사엔 내 이름이 새겨진 은주전자도 크루아상을 가져다줄 하녀도 없다. 그렇지만 30초면 원두를 갈고 커피를 뽑아 주는 전자동 에스프레소 머신이 있으며, 아침 일찍 눈을 비비며 크루아상을 사다 주는 남편이 있다. 잠시 프루스트를 부러워할 뻔했는데, 내 아침도 신선한 커피와 갓 구운 크루아상으로 호사를 누리는 때가 자주 있었다.

아마 그의 아침식사를 조금 더 상세하게 관찰했다면 크루아상 옆의 버터와 잼을 놓치지 않았을 것이다. 이것이 프랑스 아침식사를 뜻하는 '쁘띠 데쥬네(le petit dejeuner)'의 가장 일반적인 모습이다. 이처럼 간단하기에 빵 하나, 커피 한 잔에 공을 들여야 조찬의 희열을 맛볼 수 있다. 그런 면에서 정성스럽게 커피를 드리핑하고 가장 최선의 빵맛을 찾는 프루스트의 까다로움이 수긍되기도 한다.

프랑스 여행 중 아침에 카페에 들르면 '쁘띠 데쥬네' 메뉴를 쉽게 찾아볼 수 있었다. 한 페이지를 가득 채운 독일 카페의 아침식사 메뉴와는 달리, 쁘띠 데쥬네는 한두 가지가 전부인 경우가 많다. 그래도 그 아침에 카페는 갓 구운 크루아상과 갓 내린 커피를 찾는 이들로 북적인다.

아침식사를 하러 나온 프랑스 여인들은 참 곱다. 이른 아침인데도 화장을 하고 멋스럽게 스카프도 두르고, 방금 전에 드라이한 듯 산뜻한 헤어스타일을 갖추고 있어 늘 감탄스러웠다. 천천히 커피 잔을 드는 모습에서부터 크루아상에 버터를 바르는 기품 있는 몸놀림까지……. 프랑스 카페에서는 버터향 가득한 크루아상도, 타인의 우아한 식사 풍경도 완벽하다.

나에겐 가장 맛있는 크루아상으로 기억되는 건 프랑스 앙시의 한 카페에서 먹었던 쁘띠 데쥬네다. 일요일 아침, 운하 주변에 선 마르쉐(시장)에서 노천시장의 시끌벅적한 열기에 휩쓸려 장보는 프랑스 여인만큼이나 바쁘게 구경을 마치고 나니 온몸이 노곤노곤했다. 단지 사보이 지방의 로컬 치즈 하나를 샀을 뿐인데, 커다란 장바구니 가득 장을 본 아주머니들만큼이나 벅찬 수확의 기쁨이 있었다. 따뜻한 카페에서 장바구니를 내려놓으면서 이 피곤하고도 뿌듯한 기분을 만끽할 필요가 있었다. 역시나 시장 주변의 카페에는 그런 휴식의 달

콤함을 즐기는 여인들이 많았다.

그때 먹었던 크루아상. 나의 수고로웠던 아침 시간을 보상이나 해주듯 왕성한 부드러움으로 다가왔는데…….

특별하게 유명한 블랑제리도 아니었고, 돌이켜보면 내가 먹었던 크루아상이 이전에 먹어 보았던 것과 크게 차이가 나는 점은 없었다. 크루아상 자체의 우월한 맛을 경험했다기보다는 '시장을 보고 난 후에 출출하고 들뜬 기분 상태에서 먹는 크루아상'이 맛있었던 것이다.

그 아침의 크루아상 이후, 주말 아침 시장에 다녀오는 길에는 카페에 앉아 크루아상 하나와 핫초코를 마시고 싶은 욕망이 내게 찾아오곤 한다.

겨울 아침의 브리오슈

손으로 만질 수 있을 듯한 뜨거운 커피 향이 올라오면 김 나는 커피 그릇 앞에 마침내 앉아 브리오슈를 정답게 꾹 누르고 부드럽게 찢어서 식탁 한가운데 놓인 설탕 접시를 쓱 쓸며 반쯤 감긴 눈으로 우리는 말하지 않고서도 행복의 달콤쌉싸래한 음색을 알아본다.

- 뮈리엘 바르베리 〈맛〉 중에서

나는 일요일 아침의 산책을 좋아했다. 일요일 뮌헨의 작은 빵집들은 문을 닫기 때문에 빵을 사기 위해 집 근처의 광장까지 걷는 일. 일요일 아침의 거리는 모든 것들이 휴식의 기쁨을 누리면서 만드는 평온하고 고요한 공기로 가득했다. 그러나 그것은 어디까지나 봄과 여름에만 향유할 수 있는 계절성 사치다. 독일의 가을과 겨울엔 늘 흐린 날씨와 좀처럼 물러나지 않는 아침의 어두움이 외출을 방해하기 때문이다.

그 아침에 빵을 사러 나가는 건 윈드브레이커를 입을 용기가 필요했다. 그 용기마저도 생기지 않는 최악의 날씨가 찾아오면 할 수 없다. 빵 사기를 포기하거나 직접 만들어 먹거나.

아침의 브리오슈(Brioche)를 만나기 시작한 것도 앞이 보이지 않을 정도로 눈이 내리던 어느 겨울 아침부터였다. '빵이 없으면 브리오슈를 먹으라'고 하던 마리 앙투아네트의 망언은 실제로 겨울의 우리 아침빵 이야기가 되어 버린 것이다.

따뜻하고 부드러우면서도 만들기 쉬운 빵이 무엇일까 찾다가, 엉뚱하게도 그날 마네의 정물화 속 폭신해 보이는 브리오슈 그림이 베이킹 책 속의 그 많은 실사의 먹음직스러운 빵들을 제치고 내 눈에 들어와 버렸다. 그림 속 브리오슈는 통통하게 잘 부풀려 있고 하얀 꽃까지 꽂고 있어서 신비로워 보이기까지 했으니까.

마네의 브리오슈를 맛보기 위해서는 밀가루, 버터와 달걀,

Les Petites Faims au Malarte

PETIT DEJEUNER (de 9h à 11h)

L'EXPRESS 5,00
Boisson chaude, tartine ou une viennoiserie, jus de fruit

LE BREAKFAST 7,00
Boisson chaude, jus de fruit, tartine, une viennoiserie

이스트 그리고 2시간 동안의 참을성이 필요하다. 갓 구운 브리오슈는 동그랗고 작은 얼굴을 위로 내밀고 숨을 쉰다. 그 순간의 브리오슈는 세상에서 가장 앙증맞은 빵이 된다.

뮈리엘 바르베리의 소설에서처럼 브리오슈의 동그란 윗부분의 빵을 정답게 꾹 눌러 포크로 전해오는 포근함을 느껴본다. 노르스름한 속살은 입 안에서 녹아내릴 정도로 달콤하고 부드럽다.

나는 예찬한다.

브리오슈 빵을 누르는 순간을.

그 차가운 겨울 아침이 잊히는 순간을.

친구가 되기까지… 2년

브로트(독일 뮌헨)

가장 윗자리에 점잖게 앉아 있던 B. 거칠고 묵직한 존재감으로 공간을 장악해 버린 그 모습에 나는 일찌감치 내 마음을 빼앗겼었다. 기회가 생길 때마다 그를 불러냈으나 그는 쉽게 진심을 보여주지 않았다.

결국 2년의 시간이 걸렸다.

그와 친해지기까지.

브로트가 놓여 있는 선반

독일의 빵집과 한국의 빵집이 다른 건 빵의 종류뿐 아니라, 빵을 사는 과정이다. 내가 독일로 가기 전에 경험했던 한국의 빵집들은 대부분 빵을 오픈된 공간의 테이블에 진열해 놓아, 직접 집게로 사고 싶은 빵을 골라 쟁반에 담은 후에 카운터에서 계산만 하면 되는 방식이었다. 셀프서비스와 유사한 형식인 셈이다. 그래서 빵을 직접 골라서 먹는데도 빵 이름을 기억하지 못할 때가 많았다. 어떤 빵이 맛있어 보이면 그냥 집어들면 되니까.

이런 형식에 익숙해 있다 보니 처음에 독일 빵집에서 난감한 상황을 만나게 되었다. 독일 빵집에서는 줄을 서서 기다렸다가 차례가 오면 점원에게 사고 싶은 빵을 모두 얘기한다.

그러면 점원이 여기저기서 빵을 하나하나 다 챙겨서 종이 봉투에 담아 계산까지 해준다.

문맥으로만 보면 알아서 원하는 빵을 챙겨 주니까 더 편하고 쉽지 않을까 싶겠지만…… 실상은 그렇지 않았다. 독일어에 익숙하지도, 독일빵을 잘 알지도 못했던 4년 전의 나에게 그것은 부담 가득한 순간이었다.

독일식 'R' 발음에 익숙하지 않아서 마블케이크 한 조각을 먹으려면 빵집 아가씨가 '마모어 쿠흔(Marmor Kuchen)'이라고 발음 정정을 해주었고, 브뢰첸 네 개를 달라고 했는데 브레첼 네 개를 받기도 했었다. 딸기 조각케이크가 먹고 싶은데 독일어 딸기 발음인 '에어드베어(Erdbeer)'가 어려워서 손가락으로 가리키곤 했던 안타까운 기억도 있다.

잘 보이는 유리 진열장 속의 빵들은 재빨리 이름표를 읽고 주문하거나 손으로 가리키면 별 어려움 없이 원하는 빵을 얻곤 했는데, 문제는 점원이 서 있는 벽 뒤에서 나를 지켜보고 있는 빵들이었다. 그 벽의 선반 위에는 낮은 유리 진열장 속에 뒹구는 작은 빵들을 크기와 무게로 압도하는 덩치 큰 빵들이 앉아 있었다. 나는 그 선반 위 3층을 볼 때마다 시각적으로 완전히 제압당했다.

그것은 선반 위의 빵이 아니라, 군사들의 집합체였다. 나의 여심은 그 거칠고 사나움에 홀딱 붙잡혀 버렸다. 나는 그

남성미 넘치는 빵들이 '브로트(Brot)'라는 걸 알고 있었다. "브로트 주세요"라고 하면 저 멀리 높은 곳의 그와 곧 만나게 될 줄 알았는데…… 안일한 기대였다.

그 3층 선반 위에 있던 직사각형 모양의 브로트들은 비슷해 보이면서도 달랐던 것. 각기 다른 이름표들을 붙이고 있는 것으로 보아, 아마도 그곳에 있던 브로트만 해도 족히 10여 종류는 되었던 것 같다. 밀·호밀·기장·보리·옥수수·쌀 등의 원료에 따라, 그 비율에 따라, 해바라기 씨나 양귀비 씨 같은 여러 가지 씨의 종류에 따라서 모두 다른 브로트였던 것.

상냥한 빵집 아가씨는 이내 나에게 질문을 쏟아 부었다. 어떤 브로트를 원하느냐, Bio(유기농)인 걸 줄까, 전체 다 줄까 아니면 반만 줄까, 빵은 다 잘라 줄까……그때 알았다. 독일 빵집에서의 브로트는 물리적인 거리감도 멀었지만 그 정체를 알아 가는 데도 시간과 노력이 필요하겠구나.

브로트는 나에게 매력적이면서도 어려운 존재였다.

농부의 빵

브뢰첸이 작고 담백한 빵이라면, 브로트는 여러 가지 곡물로 만든 커다란 빵을 말한다. 직사각형 모양과 둥근 모양이 일

반적이고, 겉은 거칠고 딱딱하며, 속은 부드러운 것도 있으나 통곡물이 들어 단단한 것도 있다.

독일 빵집에서 첫눈에 반해서 어렵게 사온 나의 첫 브로트는 조넨블루멘브로트(Sonnenblumenbrot)였다. 밀과 호밀이 섞였고 해바라기 씨가 촘촘하게 붙어 있던 그 직사각형의 브로트는 보기만 해도 먹음직스러웠다.

유럽영화나 애니메이션에서 빵칼로 폼나게 큰 브로트를 자르던 모습을 떠올리면서 얇게 몇 조각을 썰었다. 그리고 조금 떼어 맛을 보았는데…… 겉에 붙은 해바라기 씨의 고소함이 사라지기도 전에 쾌쾌한 냄새와 시큰한 맛이 밀려들었다. 그 한 조각으로도 브로트에 대한 판타지는 여지없이 무너졌다. 내가 알고 있는 빵맛이라는 것에 도저히 용납되지 않는, 결코 기분이 좋지 않은 그런 맛.

브로트를 원하던 나의 강렬했던 초심은 한풀 꺾였지만, 빵집의 선반을 볼 때마다 아쉬운 마음이 들었다. 카페나 호텔에서 독일식 아침식사인 '프뤼스튁(Frühstück)'을 즐길 때나 레스토랑에서 독일 음식을 먹을 때에는 항상 브로트 몇 조각이 함께 나와 그때마다 다시 시도를 해봤지만, 역시 내 입맛은 아니라는 결론에 닿았다. 빵을 먹으면 즐겁고 행복해야 하는데, 브로트는 나에게 유일하게 그렇지 않은 빵이 된 셈이다.

독일에 온 지 2년 만에 베를린에서 뮌헨으로 이사를 가게 되었는데, 이때 브로트에 대한 큰 전환점을 맞게 된다. 북쪽의 베를린과 남쪽의 뮌헨은 위치만큼이나 도시와 사람들의 분위기도 많이 다르다. 빵집에서도 차이는 느껴졌다. 베를린에서는 브뢰첸을 '슈리페(schrippe)'라고 부르고, 뮌헨에서는 '젬멜(Semmel)'이라고 흔히 부른다.

또 뮌헨에는 거북이 등처럼 갈라져서 딱딱해 보이는 큰 원형의 브로트가 눈에 자주 띄었는데 이름이 '바우어른브로트(Bauernbrot)'였다. '농부의 빵'이라는 의미인데, 프랑스의 시골빵인 깜빠뉴와 비슷한 풍모를 지녔다.

이 농부의 빵은 독일 전역에서도 볼 수 있는데 특히 남부 독일에서 사랑받는 빵이다. 게다가 뮌헨 주변 남부의 바우어른브로트는 다른 지방의 것보다 더 시큼한 맛을 가지고 있고, 카다몬이나 캐러웨이 같은 향신료가 더 많이 들어 있다.

이름과는 달리 유난스러운 맛의 이 빵과 친해지게 된 데에는 '아우프슈트리히(Aufstrich)'라 불리는 일종의 빵에 발라먹는 스프레드 덕분이었다.

어느 날, 뮌헨 시내의 카페 아란(Cafe Aran)이라는 곳에 커피를 마시러 들어갔다가 처음으로 브로트와 스프레드의 조합을 맛보았다. 크림치즈, 토마토, 아보카도, 햄, 올리브, 빨간무, 바질 등의 재료로 빵 위에 바르거나 얹어 먹는 형식인데, 그

카페의 모든 사람들이 그것을 즐기고 있었다.

호기심이 생겨서 한번 맛을 보았는데, 발랄한 아우프슈트리히의 재료와 무게감 있는 브로트의 맛이 묘하게 조화를 이루는 것이었다.

주문을 하면 크고 동그란 바우어른브로트를 바로 작게 잘라서 원하는 재료를 빵 위에 발라 준다. 신선한 아우프슈트리히 덕분에 시큰한 브로트의 맛이 조금 묻히면서 먹기가 한결 수월해졌다. 시작은 아우프슈트리히의 맛으로, 끝맛은 브로트가 묵직하게 마무리해 준다.

이렇게 조금은 돌아서 브로트 맛에 다가가 보니 빵에 대한 선호도가 달라졌다. 이젠 발효빵의 고유한 냄새와 시큰한 맛이 안 나는 빵은 재미없고 밋밋하기까지 한 걸 보니.

나의 힐링브레드

영하 20도까지 내려가는 강추위의 어느 날, 뮌헨의 한 병원에서 우리 율리안을 낳았다. 독일에는 산후조리원도 없고 특별히 산후조리를 위한 음식도 없다. 독일 여인들은 2~3일이면 병원에서 곧바로 집으로 퇴원을 한다. 아기를 낳고 병원에서 첫 식사를 주었는데, 생선요리와 샐러드 그리고 브로트 두 조각이었다. 한국의 사정과는 다른 그야말로 완벽한 독일식 산후 음식을 받아들고 처음에는 어리둥절했다.

그런데 우려와는 달리 생선요리가 기운을 차리게 해줬고, 샐러드는 기분을 신선하게 만들어 줬으며, 버터를 듬뿍 발라 먹은 브로트는 쌀밥을 먹은 듯 든든했다. 그렇게 하루에 세 번 고기, 파스타, 채소 요리가 맛깔스럽게 나왔고, 브로트는 늘 기본 빵으로 함께 준비됐다.

브로트도 통곡물, 호밀과 밀이 섞인 것, 크래커처럼 바삭거리는 것 등 몇 가지 중에서 선택할 수 있어서 하루 세 번 다양한 브로트를 즐길 수 있었다.

출산 후에는 몸이 완전히 회복되지 않은 상태에서 아기를 돌보느라 심신이 쉽게 지치게 된다. 잠을 잘 못 자서 신경도 날카롭고 2시간마다 아이에게 우유를 주고 재우느라 체력이 금세 떨어지는 것이다. 그래서 정말 잘 먹는 것이 모든 회복의 열쇠가 되는데, 나는 독일 병원의 모든 음식이 맛있었고 정말 잘 먹었다.

한국의 가족이나 친구들이 전화를 해서 묻곤 했다.

"미역국 잘 먹고 있니? 밥 말아서 많이 먹어야 한다."

그런데 미역국에 쌀밥보다 쥬페(Suppe, 독일식 수프)와 브로트가 더 맛있었고, 일주일 내내 그렇게 먹어도 질리지가 않았다. 이제는 딸기잼이나 버터만 발라도 브로트가 맛있어지다니…… 이유는 간단했다. 심신의 회복이 필요한 시점에 천연 발효 곡물빵인 브로트는 풍부한 영양과 에너지를 제공하는 동시에 건강한 기분까지 맛보게 해주었던 것이다.

2년 만에 친해졌으나 그 친밀과 신뢰의 깊이는 다른 빵과는 남다르다.

브로트는 그냥 빵이 아니라 나에게는 힐링의 빵.

처음으로 빵에게 고맙다는 생각을 해보았다.

브리오슈

브리오슈는 버터가 많이 들어가기로 유명한 빵이다.
보통 버터 : 밀가루 비율이 1 : 2에서 3 : 4 정도 되니까. 그만큼 엄청나게 부드러운 질감을 자랑하기 때문에 에피타이저나 아침 식사로 먹기에 적당하다.
브리오슈는 지방에 따라 모양이 다른데, 가장 일반적이고 유명한 것이 '브리오슈 아 테트'이다. 빵의 맨 위에 조그만 덩어리를 동그랗게 올리는데, 구운 후에 보면 그 모양이 아주 귀엽기까지 하다.

재료(18개분)

| 반죽 |

강력분 250g
설탕 30g
소금 1작은술
드라이이스트 1작은술
우유 60ml
달걀 2개 반
버터 125g

| 장식 |

달걀 1개
물 1큰술

▶ 01   강력분, 설탕, 드라이이스트, 소금, 35도씨 정도로 따뜻하게 데운 우유, 달걀, 버터를 넣고 주걱으로 잘 섞는다. 골고루 잘 섞이도록 핸드믹서로 10분 정도 반죽한다. 핸드믹서가 없다면 버터가 고루 섞이는 걸 확인하면서 주걱으로 꼼꼼히 섞는다.

▶ 02   1차 발효의 단계 : 반죽을 동그랗게 뭉쳐서 45도씨의 따뜻한 물에 중탕한 다음, 랩을 씌워서 90분 정도 발효시킨다.

▶ 03   반죽이 부풀면 주먹으로 눌러서 가스를 뺀 후에 40그램씩 동그란 모양으로 나눈다. 그 후 다시 면보를 씌워서 20분간 중간발효를 시킨다.

▶ 04   빵 위에 동그랗게 올라갈 부분을 위해 반죽의 4분의 1 정도를 떼어 놓은 다음, 브리오슈 틀에 넣고 가운데 부분을 손가락으로 눌러 구멍을 만든다.

브리오슈 틀이 없으면 조금 밋밋한 모양이지만 머핀 틀을 이용해도 괜찮다.

▶05 떼어 놓았던 4분의 1 부분을 동그랗게 만들어서 구멍을 냈던 빵 위에 잘 꽂아 올린다. 이 상태로 면보를 다시 씌워서 60분간 2차 발효를 시킨다.

▶06 달걀과 물을 섞은 달걀물을 반죽 표면에 바르고, 200도씨로 15분간 예열된 오븐에서 12분간 굽는다.

아침에 집에서 브리오슈를 만들 때는 브리오슈 틀이 없어서 보통 머핀 틀을 사용했다. 그리고 양을 재거나 반죽이 미숙해서 브리오슈의 동그란 모양이 흘러내린 적도 한두 번이 아니다. 그래도 구워 나온 브리오슈는 언제나 동글동글 봉긋하게 먹음직스러운 모양으로 얼굴을 내밀어 준다. 따뜻할 때 빵 한쪽을 떼어 먹으면 버터가 많이 들어간 날은 입 안에서 정신없이 빵이 녹아내린다. 카페오레 한 잔을 곁들이면 세상에 이렇게 부드러운 아침을 맞을까 싶을 정도다.

Chapter 2.

그곳이
떠오릅니다

여 행 에 서 맛 본 빵

SACHERTORTE

조건 없이 너를 좋아해

자허 토르테(오스트리아 비엔나)

Austria

커피와 초콜릿 케이크는 우유와 곰보빵, 콜라와 피자만큼 내가 좋아하는 단짝 메뉴다. 커피를 주문하고 나면 항상 케이크 쇼케이스를 바라본다. 화려하고 미니멀한 조각 케이크들이 커피의 황홀한 파트너가 되어 주겠다고 러브콜을 보낸다. 그러나 난 사계절 내내 투박한 갈색 외투를 입은 결코 세련되지 않은 덩치 큰 초콜릿 케이크를 고른다. 그 순간엔 어떤 망설임도 없다.

모든 것을 잊고 싶을 때 단 한 가지 단맛만 기억하고 싶은 순간의 음식이라고도 불리는 초콜릿. 그렇기에 커피의 모난 쓴맛을 보듬어 주고 달콤한 각성을 주며, 방금 전까지의 고단함들을 기분 좋게 사라지게 한다.

"초콜릿이 들어간 케이크면 다 좋아요."

누군가 어떤 케이크를 먹을 거냐고 물으면 나의 대답은 정해져 있다. 경험상 초콜릿이 들어간 케이크가 없는 카페나 베이커리는 거의 없으며 질문을 던진 상대방은 가또쇼콜라, 초코수플레, 브라우니, 초코쉬폰 등 다양한 초콜릿 케이크들을 가져다주었다.

난 뭐든 맛있었다. 그것이 초콜릿 케이크라면 말이다.

2007년 도쿄 여행

나는 어느 카페에 들어가 초콜릿 케이크를 고르고 있었다. 반듯하게 초콜릿 코팅된 표면 위에 'Sacher'라고 쓰여진 조각케이크가 눈에 들어왔다. 'Sacher라…… 케이크 이름이 사커인가?' 하며 맛을 보았다.

다른 일본 케이크들과는 달리 밀도 있는 매우 진한 초콜릿 스펀지의 맛과 식감도 일품이었지만, 과일잼 같은 시큼한 맛이 간간이 섞여 초콜릿 케이크가 가지는 지루함을 날려주는 것이 아닌가. 그 맛이 신선해서 서울로 돌아온 후 유명하다는 몇 군데의 베이커리에 들러 찾아봤지만, 사커케이크는 다시 만날 수 없었다.

"사커케이크 알아?"

제빵을 공부하는 친구에게 그 얘기를 했더니 먼저 까르르 웃음부터 터트리는 것이었다.

"사커케이크가 아니고 독일어로 읽어야 맞아. 그래서 자허 토르테야!"

안타깝게도 그 당시 서울에서는 자허 토르테를 맛보기 힘들 거라고 했다. 대부분 한국의 빵이나 케이크는 화려하고 우아한 스타일의 프랑스 제과가 주도하고 있어서 오스트리아식의 투박한 모양의 제과는 흔하게 찾아볼 수 없다는 것이다.

내 한숨을 들었는지 나의 친구는 며칠 뒤에 자허 토르테를 직접 만들어 주었다.

그 사실 자체는 무척 감동이었으나, 제빵을 공부한 지 3개월밖에 안 된 솜씨로 만든 자허 토르테의 맛은 내 갈증을 해소시켜 주기엔 많이 부족했던 기억이 난다. (미안하다 친구야.) 그래도 친구 앞에서는 참 맛있게 먹었다. 그런 내 모습을 흐뭇하게 바라보면서 친구가 했던 말이 있다.

"너 비엔나 한번 가야겠다. 거기 가면 흔하디 흔한 게 자허 토르테라더라."

그래. 언젠가 비엔나에 가면 질리도록 먹어볼 테다.

그 다음 해 독일

나는 비엔나에 직접 가지 않고서도 자허 토르테를 실컷 먹을 수 있게 되었다. 독일에서 거주하게 되면서다. 독일과 오스트리아는 언어도 같지만 식생활도 거의 비슷하다. 그 덕분에 비엔나 출신의 자허 토르테는 독일의 어느 카페나 빵집에서도 쉽게 찾을 수 있었다.

나의 광범위하고 선호의 기준이 없는 초콜릿 케이크에의 집착에 고집스러운 변화가 생기게 된 때가 이 무렵이다. 이제

내가 좋아하는 건 그냥 초콜릿 케이크가 아니라 자허 토르테가 된 것이다.

색색의 푸짐한 과일이 얹어 있는 것도 아니고, 기분까지 부풀게 하는 풍성한 크림이 올라가 있는 것도 아니고, 견과류가 붙어 있어 건강한 느낌을 주는 것도 아닌데…… 그저 반들반들한 초콜릿 코팅에 'Sacher'라고 흘려 쓴 글씨만이 전부인데.

단순한 게 가장 멋스러운 것이라고 했던가. 내 눈에는 세상에서 가장 세련된 모양의 케이크로 보였다. 그리고 초콜릿과 살구잼의 강렬하고 똑 부러지는 맛은 내 눈과 머리에 맑은 충격을 주어 카페에서 노트북으로 일할 때는 특히나 자주 찾았다. 많은 크림이나 단맛을 좋아하지 않는 남편도 이런 자허 토르테의 매력에 점차 빠져들어 지금은 그의 넘버원 케이크로 꼽고 있으니. 자허 토르테에 대한 우리 부부의 애정이 남다르다는 건 인정해야겠다.

자허 토르테

이 케이크의 탄생에는 이야기가 있다.

1832년 오스트리아의 전설적인 외교관 메테르니히의 궁정 주방에서 일하던 프란츠 자허(Franz Sacher)가 처음 만들었다고 한다. 메테르니히가 그의 거물급 손님들에게 대접할 웅장한 디저트를 내오도록 주문했을 때, 자허가 솜씨를 발휘해 멋진 초콜릿 케이크를 만든 것이다. 이후 이 케이크는 오스트리아를 대표하는 디저트로 자리매김했고, 전 세계적으로 '초콜릿 케이크의 왕'이라는 칭송을 받고 있다.

지금은 호텔 자허 1층에 있는 카페 자허에서 원조 레시피로 만든 자허 토르테를 맛볼 수 있다.

여기까지는 어찌 보면 특별한 이야기라고 할 수도 없겠다. 자허 토르테가 유명해진 건 '달콤한 원조 전쟁' 때문이다. 호텔 자허의 케이크 레시피가 카페 데멜(Cafe Demel)로 흘러 들어가서 재판이 시작된 것이다. 재판의 쟁점은 '원조'라는 타이틀을 얻는 데 있었다. 이 소송에서 호텔 자허가 이겨 일단락을 지었으나, 1950년대에 들어 재판은 다시 시작되었다.

이번엔 살구잼의 위치가 어디냐가 문제가 되었다. 호텔 자허는 초콜릿 본체를 두 개로 나누어 그 사이에 살구잼을 바르고, 카페 데멜은 스펀지 본체는 1단이고 살구잼을 표면 전체에 바른다. 어떤 것이 프란츠 자허의 오리지널 창작 방식이냐로 무려 40년간 재판을 했다고 하는데……!

결국 승패는 확실치 않게 끝났고, 다만 원조라는 타이틀은 호텔 자허에서만 사용할 수 있게 되었단다. 원조가 뭐기에 하

다가, 연간 30~40만 개씩 팔려 나간다는 얘기를 들으니 비즈니스적 측면에서 원조 타이틀이 효자노릇을 할 것도 같단 생각이 들었다.

자허 토르테의 이야기는 내가 그것을 먹으며 느끼는 기분과는 달리 유쾌하지는 않은 것 같다. 그래도 한편으로는 궁금하기도 했다. 원조의 맛은 어떨까 하고.

2011년 비엔나

내가 비엔나에 가고 싶었던 이유는 단순했다. 벨베데레 미술관에서 클림트의 〈Kiss〉 원작을 보고, 비엔나 커피를 진짜 비엔나 카페에서 마셔 보고, 원조 자허 토르테를 맛보는 것. 단지 이 세 가지였지만, 강렬한 동기였기에 비엔나로의 여행은 고민 없이 시작되었다.

아름다운 벨베데레 궁전 안에서 클림트의 황금빛 키스신이 주었던 감동의 여운을 안고 나는 비엔나의 카페 어디든 앉기를 원했다. 예술작품을 마주한 후에 내 가슴과 머리는 감탄하고 해석하느라 몹시 고단한 상태였기 때문에. 이런 때는 몽롱하고 피곤한 기분에서 벗어나게 해줄 커피가 제격일 터.

그런데 이상하게 그 순간에 내 몸이 강하게 원했던 건 그렇게 원했던 커피가 아니라 휘핑크림을 듬뿍 곁들인 자허 토르테(Sachertorte) 한 조각이었다. 쓴맛으로 이 기분을 깨뜨리기보다는 진한 달콤함으로 각성되기를 바랐던 것일까. 우리의 발길은 자연스럽게 원조 자허 토르테를 판다는 호텔 자허 1층의 카페 자허(Cafe Sacher)로 향했다.

전차를 타고 북적이는 비엔나 시내로 들어서 카페 자허를 찾기 위해 국립 오페라하우스 뒷길로 들어섰다. 쉽게 찾을 것 같은 카페는 눈에 들어오지 않았다. 대신에 노란색의 안전모를 쓰고 자허 토르테가 올려진 접시를 든 웨이터의 사진 현수막이 걸려 있는 공사장이 나타났다. 건물의 보수공사 때문에 가려진 카페를 찾지 못하는 이들에게 친절한 안내의 기능을 하고 있을 터이지만, 나에게 그 사진 속 웨이터들의 웃음은 왜 그렇게 얄밉게 다가오던지.

노천카페에 앉아 9월의 따스한 햇살을 받으며, 자허 토르테 한 입을 베어물며 원작의 그림이 주던 기쁨을 원조의 맛으로 갈아타 보려던 나의 계획이 삐끗하던 순간이었다. 공사로 인해 답답한 카페 환경을 보면서 '원조'에 집착하려던 마음을 과감히 버렸다. 결국은 상업적인 이득을 위해 지루하고

지저분한 소송으로 얽힌 카페 자허와 카페 데멜은 내가 원하던 장소가 아니었던 것이다.

비엔나의 지식인과 예술가들의 안식처가 되었던 카페 첸트랄(Cafe Central)과 카페 하벨카(Cafe Hawelka)로 발길을 옮겼는데, 그곳에서 비엔나 카페가 갖고 있는 과거의 공기를 행복하게 만날 수 있었다. 내가 비엔나 여행에서 만나고 싶었던 진짜 비엔나 커피라 불리는 크림이 몽실몽실 올라간 아인슈패너, 부드러운 멜랑쉬 커피, 그리고 자허 토르테도 함께. 비록 원조라는 표시의 동그란 초콜릿이 얹어 있지 않았지만 비엔나 카페 어느 곳에서 먹든 자허 토르테는 맛이 있었다.

고백해야겠다.
자허 토르테, 나는 조건 없이 너를 좋아했던 거라고.

그리고 멜랑쉬와 자허 토르테.
비엔나에 와서 나의 '커피와 초콜릿 케이크'는 구체적으로 완성되었다.

달콤하고 쫀득한 터닝포인트

와플(벨기에 브뤼셀)

WAFFLE Belgium

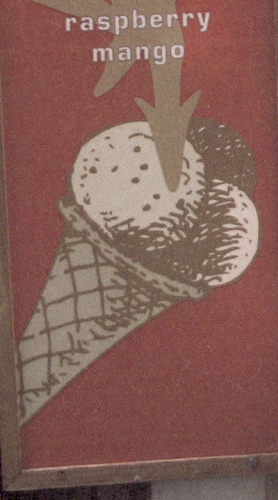

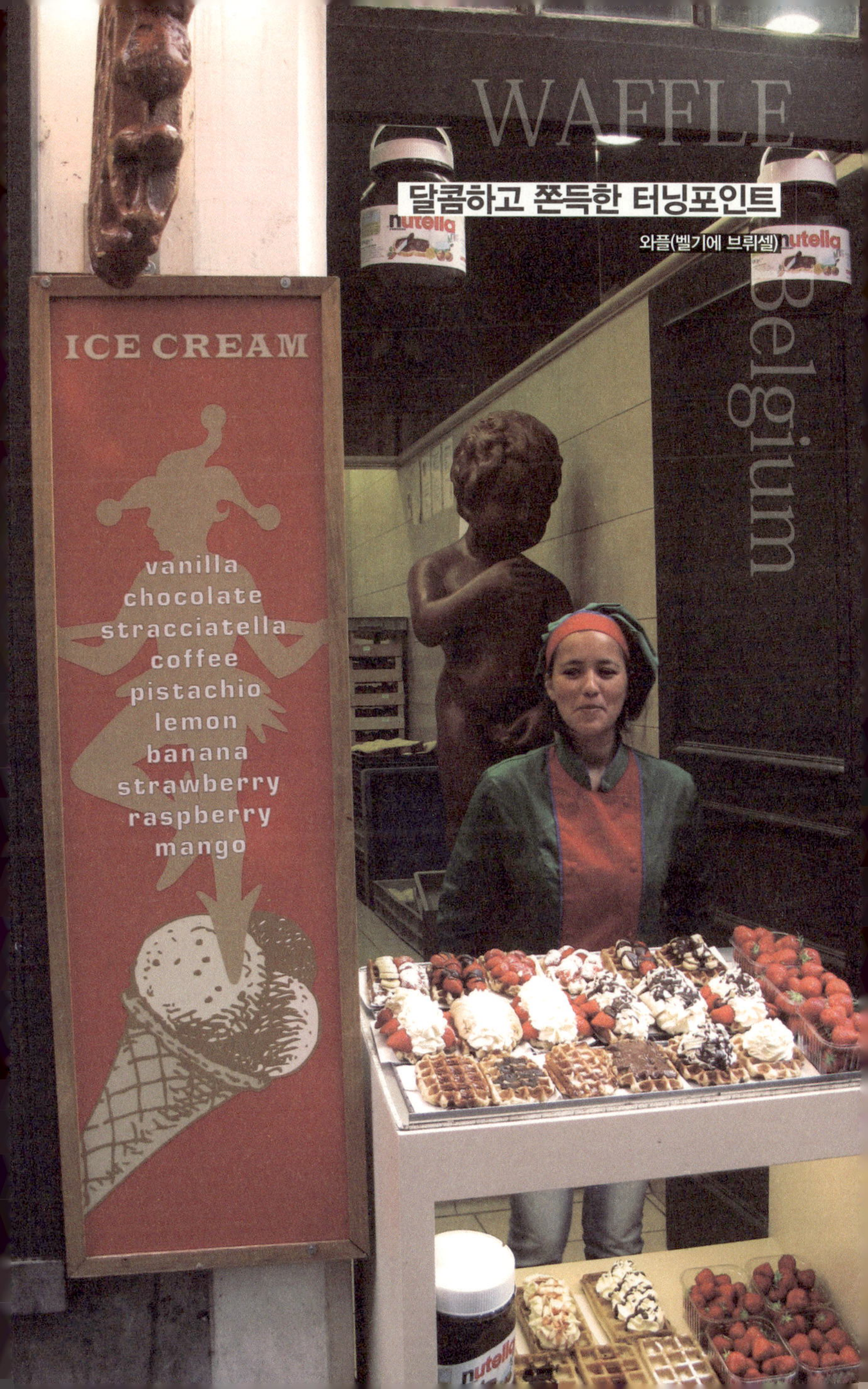

여행의 설렘은 '알지 못함'에서 오는 것일 수도 있다는 생각을 한 적이 있다.

벨기에 브뤼셀로 떠나던 날. 여행자의 기본 태도인 설렘은 온데간데없었다. 내가 좋아하는 빌 브라이슨 씨는 브뤼셀이 재미가 없는 도시이며, 쓰레기가 굴러다니고, 도로들은 고속도로처럼 밋밋하다고 했다. 내가 아끼는 후배는 브뤼셀에서 가장 유명한 오줌싸개 동상은 볼품없이 작고 못생겼다며 버럭 화까지 냈다.

괜히 읽었나 봐…… 괜히 들었나 봐…….

브뤼셀이란 도시에 대한 타인의 감성적인 정보들에 의해 나의 여행 기분은 날씨만큼이나 흐렸다.

오줌싸개를 만나려고 간 그곳에는

"정말인가 보다……."

브뤼셀 시내에서 차를 주차하려고 여러 길을 들어섰지만 이 골목이 저 골목이었던 듯 개성 없는 회색 건물들뿐이었다. 간신히 주차를 한 후 지도를 들고 그랑플라스(대광장) 쪽으로 걸어갔다. 초여름인 6월에 반짝이지 않는 유럽의 도시도 처음 본다. 길거리는 한낮의 빛을 완전히 잃고 있었다.

슬슬 배도 고프고 벌써부터 여행이 귀찮아진다고 느낄 때쯤 어디선가 고소한 냄새가 흘러나오고 있었다. 우리가 걷고 있던 골목의 저만치에 와플 그림의 간판들이 보였고, 사람들은 줄을 서서 와플을 기다리거나 먹는 중이었다.

우중충하고 쓸쓸하던 골목길에서 만난 활기가 얼마나 반갑던지. 우리는 느릿느릿 걷던 걸음에 힘을 실어 20미터 앞의 맛있는 풍경으로 내달렸다.

달리다가 "어?" 하며 와플 가게를 몇 걸음 앞두고 우리를 멈추게 한 그것.

"너도 봤어? 저거 진짜야?"

나와 남편, 그리고 동생의 표정은 같은 말을 하고 있었다.

어디서 많이 보던 아이인데?

초콜릿 가게 귀퉁이에서 만난 그 아이는 정말 너무 작았다. 나는 오줌싸개 동상이라고 해서 그래도 유치원생 꼬마 정도의 키를 상상했었는데, 이건 거의 백일 지난 아기 수준이다. 아이의 동상은 유쾌함을 주어야 하는데 너무 왜소해서 애처로워 보이기까지 했다.

덴마크 코펜하겐에서 보았던 인어공주 동상이 주던 실망감이 고스란히 되살아났다. 브뤼셀의 상징이라는 이 아이를 만나러 여기까지 왔던 사람들의 투덜거림을 나도 이제 이해할 수 있을 것도 같다. 애초에 설렘도 없었으니, 나는 작은 오줌싸개와 딱 10초만 교감을 나누고 배고픈 마음의 소리를 따라 와플 가게로 다시 걸어갔다.

빨간색 와플 가게와 파란색 와플 가게.

사람들은 정확히 두 무리로 나뉘어 마주보고 있는 두 개의 와플 가게 앞에 모여 있었다. 둘 다 아담한 가게로, 갖가지 토핑을 올린 와플을 가판대에 전시해 놓았다.

비슷한 와플 메뉴들을 선보이고 있는데, 파란 가게는 와플에 벨기에 깃발을 꽂아 두기도 하고 일회용 누텔라 크림을 사이사이에 두어 조잡스러운 분위기를 연출했다.

여자들은 가끔 작은 부분들에 집착해서 선택을 이끌어 내는데, 이번이 그런 경우라 해도 될 듯하다. 나는 조금 더 심플하고 고급스러운 빨간 가게의 와플들이 마음에 들었다. 그곳에서는 빨간색과 초록색이 화사하게 섞여 있는 모자와 옷을 입은, 게다가 미소도 너무 예쁜 여인이 와플 주문을 받았다.

슈가파우더, 휘핑크림, 시럽, 누텔라, 초콜릿, 딸기, 바나나 등이 여러 조합을 만들어 20여 가지의 다른 와플들을 만들어

내어 고르기가 쉽지 않았다.

당시 서울의 카페에서 유행해 즐겨 먹었던 와플을 떠올려 보니 몇 가지 과일, 풍성한 휘핑크림과 아이스크림까지 화려하고 큼지막한 모양새. 난 브뤼셀에서도 와플이 화려하길 바랐나 보다. 내가 선택한 건 딸기와 바나나 위에 초콜릿까지 뿌려진 와플이었고, 반대로 남편은 따뜻한 멜팅 초콜릿만 얹은 초간단 와플이었다. 와플에는 플라스틱 포크를 살짝 꽂아 주었다.

가게 주위에서 손에 초콜릿과 시럽을 묻혀 가면서 와플을 즐기는 이들을 보며, 우리도 최대한 평화롭고 맛있게 와플을 먹을 만한 장소를 찾아 나섰다. 그래봐야 가짜 오줌싸개 동상을 파는 기념품 가게 앞이었지만. 방금 구워서 따뜻한 와플빵의 온기를 기분 좋게 손바닥으로 느끼면서 나는 포크로 과일 토핑과 와플빵을 한입 먹었다. 브뤼셀 현지에서 벨기에 와플을 입에 넣는 순간인 것이다!

그런데…… 뭔가 많이 다를 것이라 기대했는데, 서울에서 우아하게 나이프로 잘라 먹던 그것과 별반 차이가 없었다. 그런데 나와는 달리 초콜릿 와플을 먹는 남편은 짜릿한 표정이 역력했다.

"오, 정말 맛있어!"

그는 감탄하면서 나에게도 맛보길 권했다. 같은 와플인데 왜 이건 이리 쫀득하며 멜팅 초콜릿은 어쩜 이리 달지도 않고 진할까. 비밀이 뭘까……?

와플을 맛있게 먹는 방법

브뤼셀의 빨간 와플가게의 이름은 르후남불레 와플스(Le Funambule Waffles). 우연히 145년이나 된 전통 있는 와플가게를 선택한 건 잘한 일이었다. 이곳에서는 정통 리에주 지방의 와플을 만든다. 보통 벨기에 와플은 브뤼셀 와플(Brussels Waffle)과 리에주 와플(Liege Waffle), 이렇게 두 가지 방식이 있다.

브뤼셀 스타일은 직사각형으로 이스트 반죽을 와플번철에서 익힌 뒤 아이싱 설탕이나 휘핑크림, 딸기, 초콜릿 소스 같은 토핑을 올리며, 보통 접시에 담아 포크와 나이프와 함께 낸다. 미국에 전래되어 아침식사 메뉴로 널리 보급된 와플은 바로 이 벨기에 와플이다.

리에주 와플은 크기가 더 작고 둥글다. 반죽에는 이스트를 넣지 않으며, 따라서 황금빛으로 구워 낸 와플은 질감이 더

조밀하다. 반죽에 작은 설탕 덩어리를 넣기 때문에, 눌려서 캐러멜처럼 엉긴 설탕이 더욱 달콤한 향미를 자아낸다. 그래서 리에주 와플을 먹는 정석은 따끈할 때 토핑을 하지 않고 먹는 것이라고 한다.

남편의 와플이 맛있었던 이유는 여기에서 찾을 수 있었다. 빨간 가게는 리에주 와플을 만드는 곳이기에 되도록 토핑을 하지 않고 먹거나, 간단히 초콜릿이나 캐러멜 정도만 뿌려서 먹어야 제맛을 즐길 수 있었던 것. 리에주 와플은 발효를 많이 해서 식감 또한 쫀득한 것이 매력이니 이것저것 토핑을 얹으면 이 모든 것을 느낄 수 없게 되는 것이다.

벨기에는 초콜릿이 유명한데 와플에 진하고 달지 않은 벨기에 초콜릿을 녹여 뿌려 먹으면…… 그것이야말로 환상의 커플. 나눠먹고 싶지 않다!

초콜릿 와플을 하나 더 사먹으면서 생각해 본다.

오줌싸개 소년 옆에 와플가게들을 늘어서게 한 건 우연이 아닌 것도 같다. 소년이 주는 황당하고 우울한 기분을 와플로 달래 보라는 계산이 숨어 있는 게 아닐지.

와플을 먹고 그랑플라스로 향했다.

해질녘의 그랑플라스는 너무나 아름다웠다.

어두움이 찾아오는 광장의 건물 창 안쪽에서 흘러나오는

샹들리에의 노란 불빛은 차가운 밤바람을 잊게 할 만큼 따뜻해 보였다.

빅토르 위고가 왜 이곳을 세상에서 가장 아름다운 광장이라고 찬사를 보냈는지, 그 순간만은 알 것도 같았다.

기억을 더듬어 보니, 빌 브라이슨의 브뤼셀 여행기엔 와플이 등장하지 않는다. 아마도 그가 브뤼셀을 그토록 즐겁지 않은 도시로 투덜거렸던 건 와플을 먹지 않았기 때문이 아닐까.

브뤼셀 여행자의 흔들리는 마음…….

나는 브뤼셀이 좋아졌다.

그랑플라스 때문인지 와플 때문인지.

아직도 알 수 없다.

알자스 포도밭에서 만난 고소함!

구겔호프와 마카롱 코코(프랑스 리크위르)

프랑스 알자스 지방으로 가는 길.

나는 내가 좋아하는 알퐁스 도데의 소설을, 남편은 꽃향기가 나는 리즐링 와인을 떠올렸다. 어려서 읽었던 도데의 〈마지막 수업〉에서 나왔듯 알자스는 프랑스와 독일의 영토분쟁으로 유명하기도 하지만, 와인을 좋아하는 남편은 그곳이 포도밭이 펼쳐진 아름다운 풍경을 지닌 곳이라고 얘기해 주었다.

게다가 미야자키 하야오의 애니메이션 〈하울의 움직이는 성〉 속의 예쁜 마을들이 알자스의 마을들을 보고 그린 것이라고 하니, 그곳은 아름다운 곳임에 의심의 여지가 없었다.

알자스에는 와인을 생산하는 도시들을 잇는 170킬로미터에 이르는 '알자스 포도주길(Route des vins d'Alsace)'이 있다. 포도밭을 가르는 시원한 도로 위를 달리며 작은 마을들을 만나게 되는데, 포도 수확기가 지난 10월의 알자스는 한가한 전원의 분위기가 감돌았다. 잠시 차를 세우고 누군가의 포도밭을 거닐어 보기도 했다.

포도밭의 잎들은 노란빛으로 변하고 있었으나 아직도 탐스러운 포도알이 남아 있어, 얼마 전까지도 이곳이 얼마나 풍요로운 모습이었는지 짐작할 수 있었다. 포도주길의 높은 언덕에서 바라보면 끝이 안 보이는 포도밭이 지평선까지 희미하게 펼쳐져 있었다.

아, 이토록 낯선 청량감이란.

깊고도 파란 하늘과 마주한 포도밭은 가을이 주는 최선의 풍경이었다. 포도밭이 끝나면 마을이나 도시가 나타나는데, 포도주길의 와인 생산지만 해도 70여 군데가 넘는다고 한다. 우리가 지나던 대부분의 마을들은 집이 100여 채도 안 되는 작고 가족적인 분위기의 마을이었다.

포도를 가득 수확하고 모두들 집에서 쉬는 것인지 여행을 떠난 것인지. 아니면 벌써 와인에 취해 숨어 있는지.

동화 속 장면인 듯 아기자기하고 예쁜 마을은 세트처럼 인기척을 느끼기 힘들었다.

여보세요, 거기 누구 없나요?

어디선가 문을 열고 하울과 소피가 나올 것도 같은데…….

와인마을에서 만난 모자 빵

그러나 리크위르는 달랐다. 포도주길에서 가장 아름다운 마을이며 우량의 포도를 생산하여 부유한 마을이라고 하더니,

마을 초입의 주차장은 이미 만차였다. 벌써부터 마을 안의 북적임이 느껴졌다.

프랑스이지만 독일의 작은 중세 마을 분위기가 풍겼다. 골목길 시작부터 보이는 와인 간판들과 시음하라고 내놓은 와인 덕택에 눈과 코는 벌써 취하는 듯했다. 곳곳에 꺄브(Cave, 지하 와인저장고)가 있어 와인을 좋아하는 남편의 발목을 붙잡은 건 말할 것도 없다.

올해 딴 포도로 만든 와인에서부터 포도가 좋았다던 몇 년 전의 와인까지 보여 주면서 맛을 볼 수 있게 해주었고, 설명을 해주는 주인 아저씨들은 하나같이 친절했다.

남편은 2007년산 리즐링 와인을 나에게 마셔 보라고 했는데, 사과향이 은은하게 목 안에서 퍼지며 기분을 달큰하게 만들어 주었다. 와인을 잘 모르는 나도 "바로 이 맛이야!"를 외쳤으니 남편은 그 와인을 사는 것을 주저하지 않았다. 꺄브에서 나와 와인 병 든 손을 신나게 흔들면서 리크위르 마을에 폭 안겨 산책을 즐겼다.

만족스럽게 와인을 고르고 나니 가을이 내려앉은 전원 마을의 아름다움이 눈에 들어오기 시작했다. 어느 집 창가에 놓인 주황빛 잘 익은 커다란 호박이며, 붉게 벽을 타고 올라간 담쟁이 덩굴이며…… 그리고 빵·빵·빵.

가는 길마다 모자처럼 생긴 갈색 빵이 눈에 들어오는 게

아닌가. 남편에게 와인이 그랬듯 말이다.

모든 빵집에는 안이 뚫린 그 모자 빵이 가득했다. 심지어 그릇가게의 간판도 모자 빵틀 모양이었다. 이미 독일에서도 몇 번 보았던 생김새이긴 했으나, 유독 알자스 마을에서는 흔하게 보이는 걸 보니 심상치 않았다.

빵 이름도 알고 싶고 맛도 궁금하고 점심시간이 훌쩍 지나서 배가 출출하기도 했다. 빵가게를 지나던 망설임을 멈출 좋은 이유들을 찾았다. 가까이 보니 크림을 바르지 않은 시폰 케이크처럼 생기기도 했고 아몬드향이 고소하게 풍겨나왔다. 그 독특한 모양의 빵은 구겔호프(Kougelhopf)라 불렸다.

아기 얼굴만 한 크기의 빵을 들고 멋없게 손으로 뜯어 입에 넣는 순간, 씹어 볼 새도 없이 사르르 녹아내렸다. 크기에 비해서 밀도가 약해 포실포실한 느낌이었지만, 아몬드와 건포도가 들어가 있어서 그리 허하지는 않았다. 고소하면서도 달콤한 맛에 빠져 둘이서 산책하면서 솜사탕 뜯어먹듯 금세 다 먹어 버린 것.

하나 더 사먹어야 하나 고민을 하던 차에 커다란 구겔호프 옆에 고운 색의 작은 쿠키들이 보였다. 처음 보는 쿠키는 마카롱(Macaron)이라는 이름표를 달고 있었다.

어?! 내가 아는 마카롱은 이게 아닌데…….

알자스의 마카롱

알자스에 오기 전에 내가 먹어 보았던 마카롱은 파리 스타일이었다. 견고하고 반듯하게 그리고 내게는 새침하게만 느껴졌던 마카롱이라는 과자를, 알자스에서는 투박하고 거칠게 그리고 달지 않고 고소하게 만든다는 사실을 리크위르에 와서야 알게 되었다.

구겔호프 옆의 쿠키는 알자스 스타일의 마카롱인 '마카롱 누와 드 코코(macarons noix de coco)'였다. 여기서는 쉽게 마카롱 코코라 불리고 있었는데, 코코넛이 들어가 있어서 향긋하고 쫄깃하다. 소박한 모양의 달지 않은 알자스 마카롱.

난 파리 스타일보다는 알자스 스타일이 마음에 든다.

구겔호프는 알자스의 명과로서 세계적으로 유명해진 빵이다. 이 빵의 유래에는 두 가지 이야기가 전해진다.

예수 그리스도가 태어난 12월 25일에 붉은 별이 하늘에서 빛났는데, 이 별을 본 동방박사 세 사람이 별이 가리키는 곳을 찾아 여행을 떠난다. 여행 중에 그들은 '리보빌'이라는 알자스의 한 마을에서 하룻밤을 묵게 되는데, 그 잠자리를 제공해 준 사람이 이 마을의 토기장이였다고 한다.

동방박사들은 고마움의 표시로 토기장이의 모자와 비슷하게 생긴 모양의 빵을 구워 선물했다는데, 이 유래 때문에 알자스에서는 구겔호프가 크리스마스 때 먹는 빵으로 유명해진 것이기도 하다.

그리고 구겔호프는 루이 16세의 왕비인 마리 앙투아네트가 특별히 좋아했는데, 오스트리아 출신인 그녀 덕택에 프랑스로 전파된 빵이라고도 한다. 기원에 대한 이야기는 분분하나 유럽 전역에서 사랑을 받는 빵인 것은 확실한 듯하다.

와인마을에서는 남편이 나보다 조금 더 행복할 거라 생각했다. 이곳에서는 그가 좋아하는 와인이 주인공이니까. 그런데 주인공도 훌륭하지만 조연이 소위 말하는 '명품조연'일 줄이야. 구겔호프와 마카롱 코코가 그렇다는 얘기다.

어쩌면 알자스의 고소한 조연들 덕분에 내가 더 행복하지 않았을까.

SKOLEBOLLE
KRANSEKAKE

노르웨이 빵… 소박했던 행복했던

스콜볼레와 크란세카케(노르웨이 베르겐)

Norway

"그곳은 뭐든지 비싸고 구하기도 힘들어. 그러니 싸갈 수 있는 대로 다 싸가도록 해."

노르웨이로 여행을 간다고 했을 때, 내 주변의 모든 독일 친구들은 한결같은 조언을 해주었다. 그래서 우리는 작은 전기밥솥에서부터 쌀, 김, 과자, 스파게티 소스, 치즈, 빵, 맥주, 심지어 물까지 모두 사서 자동차에 실었다.

베를린에서 출발해 덴마크까지 8시간을 달리고, 그곳에서 다시 북해를 건너는 대형 페리를 타고 노르웨이에 도착하게 된다. 독일인 친구들의 말은 페리를 기다리는 선착장에서부터 실감할 수 있었는데, 페리로 들어가는 자동차들에는 모두 식료품이 가득 실려 있었으며 베개나 이불까지도 싸가지고 가는 사람들도 있었다. 그렇게 배를 타고 우리는 노르웨이 크리스티안산(Kristiansand)이라는 도시에 도착했다.

아늑한 펜션에서 하룻밤을 묵고 다음 날, 본격적인 노르웨이 탐험을 하기 전에 가볍게 동네 산책을 나갔다. 마침 일요일이라서 거리에는 세워 둔 자동차들만 눈에 띌 뿐 문을 연 가게나 지나다니는 사람들을 보기가 어려웠다. 그렇게 싱거운 동네 산책이 끝날 무렵, 길 끝에서 유일하게 문을 연 상점을 발견했다.

유럽에서 일요일에 문을 여는 가게는 어떤 곳인지 쉽게 추측이 가능하다. 아무리 쉬는 일요일이지만 이 사람들도 먹고

살아야 할 것 아닌가. 드디어 이곳에서도 사람 사는 공기를 만난 듯했다. 갓 구운 빵냄새와 커피향이 섞인 온기가 이렇게 반가울 수가.

약간은 촌스러운 항구도시와는 어울리지 않게 우리가 만난 빵집은 원목 인테리어로 꾸민 현대적인 카페 스타일이었다. 차가운 유리 케이스가 아니라, 나무 바구니에 소복하게 쌓아 놓은 빵들은 익숙하면서도 낯선 느낌을 주었다.

한 번도 노르웨이 빵을 본 적 없고 생각해 본 적도 없었기 때문에, 그곳의 빵들은 그 자체만으로도 나에게 새로운 세상의 빵이었다. 그러나 동시에 그 신세계의 빵은 독일에서도 자주 보았던 호밀빵이기도 하고, 한국에서 가끔 먹었던 데니쉬 패스트리이기도 했다.

몇 종류 되지 않는 빵들은 기름기가 전혀 느껴지지 않는 발효빵으로, 보기만 해도 물을 마셔야 할 것 같은 건조함을 불러일으켰다. 그날 그 빵집에서 빵을 사긴 했다. 그때 사진 속에서 빵 봉지를 들고 있으니까 분명 그렇다. 그러나 4년이 지난 지금, 전혀 기억에 없는 걸 보면 아마도 인상적인 빵맛은 아니었나 보다.

'학교 빵'을 아시나요?

다음 날 우리는 베르겐(Bergen)이라는 노르웨이 제2의 도시에 도착했다. 북해에서 잡은 대구를 팔아 한자무역의 중심지로 이름을 날렸던 항구도시답게 아침부터 항구 주변의 어시장은 활기를 띠고 있었다.

한여름이었지만 역시 북유럽 바닷가의 바람은 차가워, 시장 구경을 다 마치기도 전에 어딘가 따뜻한 곳을 찾게 되었다. 작은 빵봉지를 안은 어떤 꼬마가 걸어온 길을 따라가 보니, 하얀색 평범한 목조건물에 빵집이 있었다. 그러나 간판의 글은 결코 평범하지 않았다.

Baker Brun, 1893.

100년이 넘은 빵집이라고 하지만, 빵집 내부의 모습은 특별한 것이 없었다. 크리스티안산의 빵들과 많이 다르지 않은 빵들이었고, 관광객이 많은 곳이라서 그런지 크루아상이나 작은 케이크도 보였다. 핀란드를 배경으로 했던 영화 〈카모메 식당〉의 시나몬롤이나 덴마크의 빵이라 생각되는 데니쉬 패스트리, 그리고 어제도 보았던 인상적이지 않은 둥글고 건조해 보이는 빵들이 대부분이었다.

그 빵들 사이로 내 눈에 즐겁게 다가온 하나의 빵이 있었다. 하얀 수염을 달고 있는 건가, 아니면 하얀 털을 두른 건

가? 어찌 보면 하얀 눈이 빵 위에 소복하게 내려앉은 것도 같았다. 빵에 털이 달린 것 같아서 그 식감이 내심 두려웠지만, 어제부터 참았던 그 궁금증을 해소해야만 했기에……

"이 빵 위에 하얀 건 뭐예요?"

노르웨이인들이 영어를 잘한다는 것에 의심치 않고 주문을 받던 아가씨에게 물어보았다. 키도 크고 얼굴도 긴 그 아가씨는 그것이 코코넛이라고 정확하게 대답해 주었다. 게다가 친절하게도 그 빵의 이름은 '스콜볼레(Skolebolle)'인데, 영어로 의미가 'School Bread'라는 정보까지 덧붙였다.

우리나라 말로 다시 바꾸면 학교 빵? 하얀 코코넛 가루가 붙어 있는 모양도 재미있는데, 이름은 더 엉뚱하다.

따뜻한 카푸치노 한 잔과 곁들여 보니, 이 학교 빵엔 북유럽의 매력이 담뿍 담겨 있었다. 소박한 노르웨이 사람들처럼 빵맛은 담백하고, 얼음과 눈을 연상시키듯 설탕 아이싱과 하얀 코코넛 가루가 빵 위를 덮고 있었다. 가운데에는 바닐라 커스터드 크림이 살짝 올라와 있어서 달콤한 한순간도 맛보게 해주었다.

이 학교 빵은 노르웨이에서 본 이후에 유럽의 다른 어느 도시에서도 본 적이 없어 아쉬워하다가…… 1년 후 운이 좋게도 가족들과 다시 노르웨이 여행을 오게 되었고, 베르겐의

같은 빵집 브룬(Brun)에서 여전한 그 맛을 재회하게 되었다. 그때 왜 이것이 학교 빵인지에 대해 알게 되었는데, 역시 설마 하던 예감이 맞았다.

전통적으로 학생들은 이 빵을 점심으로 자주 싸가기도 하고, 엄마들은 학교에 와서 아이들의 공부를 방해하지 않도록 선생님에게 살짝 건네고 가는 그런 빵이라고 한다. 노르웨이 빵집에서 흔히 찾을 수 있고, 어른들도 커피(노르웨이인들은 차를 즐기지 않는다. 꼭 진한 블랙커피!)와 함께 즐기는 빵으로 학교 빵을 선호한다.

언젠가 베르겐에 다시 오게 된다면, 그때도 나는 어시장에서 인기리에 팔리는 새우와 연어를 올린 빵들보다는 갓 구운 따뜻한 학교 빵이 그리워 브룬에 들어가길 주저하지 않을 것 같다.

노르웨이에서는 물가가 비싸서 집에서 싣고 온 식료품을 가지고 캐빈(통나무집 펜션)에서 직접 요리를 해먹었다. 독일인 친구들의 조언을 새겨들은 덕을 보았다. 노르웨이 여행이 계속 산을 넘고 물을 건너는 일이 반복되는 것이기에, 슈퍼마켓에 가도 고기나 빵이 기대한 것보다 신선하지도 않을 뿐더러, 살 수 있는 식재료는 흔하디 흔한 새우뿐이었다.

돈을 들여 뭔가를 사먹고 싶어도 레스토랑의 음식은 비싼

데 비해 먹고 싶은 메뉴를 찾을 수 없었다. 그런 와중에도 카페나 빵집에 가는 건 유일한 사치가 되었다. 오슬로의 그랜드 카페에서는 경악할 만한 가격의 디저트와 커피 값을 지불했지만, 그래도 다른 도시의 베이커리 카페에서는 계산서에 놀라지 않고 빵과 커피를 즐길 수 있어 다행이었다고 해야 하나.

노르웨이 여행 후… 프레드릭의 생일 빵

190센티미터가 넘는 키에 유난히 하얀 얼굴, 그리고 조용조용한 말씨. 말수는 별로 없지만 입꼬리를 살짝 올리고 늘 미소를 머금고 있는 남자가 있다. 남편 친구 중에 유일한 노르웨이인인 프레드릭이다.

몇 번 지인들의 하우스 파티에서 만나 인사를 나눈 적 있었는데, 그가 어느 날 생일 초대를 했다. 노르웨이 남자의 파티의 메인음식은 역시 노르웨이 스타일이었다.

절인 연어와 양파, 달걀, 사탕무를 곁들여 먹는 전통 노르웨이 음식인 락피스크(Rakfisk). 거기에 말랑거리는 레프세(Lefse)라는 플랫브레드를 함께 먹는다. 매우 간결한 맛이었다. 연어는 짭짤하고 빵은 담백하고. 맥주를 마시며 고향의 음식을 먹는 프레드릭은 평소보다 조금은 들뜬 모습이었다.

그가 한 가지를 고백해야겠다면서 수줍게 말을 꺼냈다.

"내 생일을 위해 내가 직접 케이크를 만들었어."

그 자리에 있던 친구들은 놀라움 반 동정 어린 마음 반이 섞인 소리를 동시에 질러댔다. 독일에 가족 없이, 그리고 애인 없이 혼자 지내는 싱글남자니까 이해는 하지만, 그냥 사거나 부탁을 했을 수도 있었을 텐데…….

그는 손을 내저으면서 괜찮다고 했다. 그러고는 "사실 이 노르웨이 케이크를 보여주고 싶었어. 아주 쉬웠으니 걱정 마"하며 주방에서 뭔가를 들고 나왔다. 여러 개의 링과자를 쌓아올려 만든 재미있는 모양의 케이크였다. 게다가 과자 사이사이에는 노르웨이 국기들이 펄럭이고 있었다.

우리는 일제히 와우 하며 탄성을 지르는 동시에, 이 어이없이 높기만 한 케이크에 웃기도 했다. 프레드릭은 이 링 케이크의 이름이 '크란세카케(Kransekake)'라고 했고 노르웨이에서는 결혼식, 생일, 크리스마스 등의 특별한 날에 만들어 먹는 케이크라며 조심스럽게 작은 조각부터 떼어 접시에 담아주었다. 우리는 생일축하 노래를 함께 부르며 아몬드 맛의 쿠

키 같은 노르웨이 케이크를 깨뜨려 먹었다.

노르웨이 여행 중에 올레순이라는 도시에서 들렀던 빵집에서 얼핏 프레드릭의 크란세카케와 비슷한 모양의 케이크를 본 기억이 났다. 그때는 그것이 장식용 과자인 줄 알았는데, 중요한 날에 먹는 전통 케이크였다는 사실을 이렇게 알게 되다니…….

노르웨이인 친구 프레드릭 고마워, 그리고 너의 생일 빵은 네 미소만큼이나 멋졌다는 걸 아는지.

SCHNEEBALL

맛있는 눈송이를 만나는 방법

슈네발(독일 로텐부르크)

Germany

한국에 귀국해서 오랜만에 백화점에 갔더니 지하 식품코너에 한 매장을 둘러싸고 길게 늘어선 줄이 보였다. 줄 선 인파 때문에 그곳에서 무엇을 파는지도 보이지 않았는데, 오히려 그게 궁금증을 일으켜서 '죄송합니다' 하며 슬그머니 줄 사이로 얼굴을 내밀어 보았다.

상자에 3~4개씩을 넣어 너도나도 사가려고 했던 그것은 독일의 귀여운 눈송이 모양 과자 슈네발(Schneeball)이다. 반가운 마음에 하나 맛볼까 했더니, 내 차례까지 오기도 전에 품절되고 말았다. 독일에서도 아무 때나 쉽게 사먹을 수 있는 과자가 아니어서 보기만 하면 무조건 몇 개씩 사곤 했는데, 역시 서울에서도 쉽게 내 손에 들어오는 과자는 아닌가 보다.

슈네발을 보니 떠오르는 것이 많다.

동화마을, 크리스마스, 겨울밤, 오독오독 그 소리…….

한여름의 동화마을에서 처음 만나다

내가 슈네발을 처음 만난 건 8월 여름의 로텐부르크에서였다. 로마군단이 지나던 길을 중심으로 중세의 모습이 남아 있는 도시들을 만날 수 있는 로만티크 가도(Romantische Strasse)를 여행하던 중이었다.

성벽 안으로 들어가 만난 작은 마을은 도저히 성 밖에서와 다름없는 사람들의 일상이 이뤄지는 곳이라고 믿기지 않을 만큼 동화적인 모습이었다. 분홍색, 노란색, 연두색의 정다운 빛깔의 건물이며 아담한 집의 창문에는 사피니아나 아이비 제라늄 꽃들이 쏟아져 내릴 것 같이 풍성하게 내려앉아 있었다. 그리고 무엇보다 이 마을의 동화같은 이미지를 완성한 것은 두 가지였다. 바로 사계절 여는 크리스마스 상점과 눈송이 같이 생긴 전통과자.

마르크트 광장 옆길로 들어가면 큰 호두까기 인형이 서 있는 케데 볼파르트(Kathe Wohlfahrt)라는 독일 최대의 크리스마스 가게를 만나게 된다. 가게 문을 여는 순간 현실의 계절은 망각되고, 12월의 어둡고도 빛나는 성탄의 고요한 밤을 마주하게 된다.

내가 정말 이마에 흐르는 땀을 닦으며 강한 햇빛을 피해 선글라스를 쓰고 다니던 한여름의 여행자였던가. '나는 항상 어른이지만 크리스마스가 되면 아이가 된다'라고 했던 괴테의 고백은 그의 것만이 아닌 것 같았다.

천장까지 솟은 반짝이는 크리스마스트리, 셀 수도 없는 장신구들, 덩치 큰 독일인들이 만들었다고 믿을 수 없는 손가락 마디만 한 작고 귀여운 인형들······. 매년 겨울 이것들을 보고 살아왔는데도 왜 늘 볼 때마다 내 마음은 큰 동요를 일으키

는 걸까.

그저 철없는 어른이 되고야 마는 이 공간에서 나가기는 무척 힘들었다. 나는 부드러운 하얀 털을 두르고 있는 작은 천사인형을 하나 골랐다. 자동차에 달고 사계절 이곳을 떠올리며 동화적 기분을 불러와야지, 하면서.

그리고 내가 로텐부르크 마을에 들어서면서부터 강하게 집착한 그것을 가장 최선의 모양과 맛으로 만날 빵집을 찾아 나섰다. 로텐부르크의 빵집 앞 진열창을 보면 다른 빵은 팔지 않을 것 같이 온통 이것들 투성이. 바로 슈네발이라는 과자다.

독일어 'Schneeball'은 영어로 하면 'Snowball'이란 뜻으로, 눈송이처럼 생긴 동그란 과자다. 하얀 슈가파우더를 뿌린 슈네발은 진짜 눈송이처럼 예쁘다. 길게 민 밀가루 반죽을 뭉쳐서 튀긴 것이기에, 자세히 보면 울퉁불퉁하나 전체적으로 둥근 모양이다.

그 많은 로텐부르크의 빵집들을 순례하다가 내가 들어간 곳은 진한 연두색 건물의 작은 빵집. 안쪽에서는 슈네발을 튀기는 건지, 기름진 냄새와 지글지글하는 소리가 내 코와 귀를 일시에 자극시켰다. 초콜릿, 시나몬설탕, 레몬시럽, 아몬드 등 다양한 맛을 입힌 슈네발 중에서 하나를 고르는 것은 쉽지 않았다. 현실에 내리는 눈이 이렇게 다양한 빛깔이라면 어떨까. 이 마을에서만은 그런 판타지같은 나의 바람이 억지일 거라는 생각이 들지 않던 그 순간에.

"나는 별로. 아내만 골라."

남편은 보기만 해도 달아 보인다면서 슈네발에게 애정 주기를 거부했다. 나는 마음 같아서는 슈네발을 종류별로 하나씩 다 사서 맛보고 싶었지만, 주먹만 한 크기인 데다 30도를 웃도는 밖에서 초코 코팅이나 설탕을 녹지 않게 가지고 다닐 자신이 없었다. 결국 가장 눈송이같은 느낌이 드는 슈가파우더 슈네발과 초코 슈네발 두 개를 선택했다.

동화마을 사람들이 만든 지극히 동화적인 이 과자, 정말 어떤 맛일까? 아이스크림을 먹어야겠다는 남편을 위해 기꺼이 노천카페로 향한 나는 그곳에서 슈네발을 맛보기로 했다.

여름보다는 겨울에

역시 한여름에는 아이스크림 카페가 인기다. 로텐부르크 마르크트 광장 근처의 아이스크림 노천카페는 더위에 지친 여행자들로 가득했다. 우리도 아이스크림을 주문하고 파라솔이 만들어 주는 시원한 그늘 아래서 노곤하게 의자에 기대앉았다. 나는 기다렸다는 듯이 가방에서 조금 전에 샀던 슈네발을 조심스럽게 봉투에서 꺼냈다. 튀긴 과자라서 딱딱하여

부숴 먹어야 할 것 같았다.

　빵 봉지를 찢어서 그 위에 놓고 두 손으로 사과를 쪼개듯 슈네발을 반으로 갈랐다. 바삭바삭한 과자 조각들이 사방으로 튀었고, 슈가파우더는 내 청바지 위로 가방 위로 가볍게 날아들었다. 게다가 초코 코팅이 된 슈네발은 빵집에서 외출을 하자마자 녹아내려 손으로 만지기도 어려운 지경이 됐다. 이쯤에서 우아하게 먹겠다던 내 상상과 의지는 과자 조각처럼 깨졌고, 그걸 바라보던 남편의 표정은 순간 일그러졌다.

　"그럴 줄 알았어."

　안 그래도 당황스러워 어쩔 줄 모르는 나에게 남편이 하는 말이란…… 녹아 버린 초콜릿처럼 원망스럽게 들릴 뿐이었다. 그래도 로텐부르크에 왔는데 슈네발을 포기할 수 없어서 손에 초콜릿을 묻혀 가면서 각각 반쪽씩 맛을 보았다. 진득하게, 그리고 아무도 보지 않는 것처럼 자유를 발산하면서.

　그 이후 로텐부르크 밖의 어느 도시에서도 슈네발을 찾을 수는 없어서 아쉬웠는데, 크리스마스 시장이 서면서 로텐부르크의 명물과자는 다시 여기저기서 반갑게 모습을 드러냈다. 남편은 그 여름에 예쁘지 않은 모습으로 먹어야 했던 슈네발에 대한 기억을 언짢게 떠올렸으나 나는 개의치 않고 이번엔 더 많이, 네 가지 맛을 골라 집으로 돌아왔다.

종이봉투를 쓱쓱 찢지 않고 이번엔 나의 예쁜 접시에 담아 식탁에 앉았다. 그러고는 기분 좋게 부숴 버렸다! 견고한 슈네발은 쾌감이 느껴질 정도로 시원스럽게 부서졌고, 나는 만화책을 읽으며 야금야금 과자조각을 씹어 먹었다.

누가 보는 사람도 없고 예쁘게 먹지 않는다고 뭐라고 할 사람도 없다. 한겨울에 따뜻하게 수면양말 신고 가벼운 책 보면서 고소한 과자를 곁들이니 부러울 것이 없었다.

아무래도 슈네발은 그 이름처럼 겨울에 먹어야 제맛인 것 같아.

그 다음 날 퇴근하고 온 남편의 손에 작은 빵봉지가 들려 있었다. "아내 거야" 하면서 내민 그 봉투에는 작은 슈네발 네 개가 들어 있었다. 내가 슈네발 먹는 모습을 그렇게 회의적으로 보던 그가 웬일인 걸까.

"맛은 아직 모르겠는데 그 소리는 좋더라구……오독오독……."

남편은 전날 밤 내가 만화책을 보면서 슈네발 조각을 열심히 먹으며 냈던 그 소리가 좋았단다. 까만 겨울밤 조용한 거실에 울려퍼지던 내가 슈네발 먹는 소리. 오독오독…….

그렇게 슈네발과 친해진 남편과는 한겨울에 다시 로텐부

르크에 갔었는데, 우리는 가장 먼저 슈네발을 먹으러 베커라이에 들렀다. 작은 바구니에 포옥 담긴 슈네발 하나와 카푸치노의 조합은 상상 이상이었다. 달고 바삭하고 모난 슈네발 한 조각 그리고 부드러운 카푸치노 한 모금.

겨울의 로텐부르크는 동화의 분위기보다는 음산하고 무거운 중세의 풍경이 진하게 묻어난다. 집들의 창문은 꼭꼭 닫혀 있고, 타우버 골짜기에는 짙은 안개만이 자욱하여 저 멀리에서 누군가 걸어오는 인기척이 조금은 공포스럽게 느껴지기까지 한다.

동화 책장을 단단히 덮은 한겨울 로텐부르크에서 할 수 있는 건 단 하나밖에 없는 것 같다.

눈송이를 입으로 즐기는 것.

슈네발을 고르고 부수고 먹는 거다.

오독오독 소리를 내면서.

크란세카케

노르웨이 전통과자 크란세카케. 단순하게 생긴 모양과는 달리 이 과자를 만드는 데에는 이틀이라는 시간이 걸린다. 고소한 맛의 주인공인 아몬드 때문이다. 아몬드를 끓는 물에 담갔다가 껍질이 느슨해지면 껍질을 벗기고 하룻밤을 꼬박 말려야 하기 때문이다. 친구 프레드릭이 쉽게 만들었다는 얘기는 이 과정을 생략하고 시중에서 파는 아몬드 가루를 이용했다는 것이었다. 그러면 번거로운 과정 없이 쉽게 맛있는 크란세카케를 만들 수 있다.

재료

아몬드 가루 500g
슈가파우더 500g
달걀흰자 4개

아이싱

달걀흰자 1개
슈가파우더 100g

▶ 00 아몬드를 삶은 후 껍질을 벗기고 말리는 수고를 덜기 위해서는 이런 아몬드 가루를 이용하면 된다.

▶ 01 아몬드 가루와 슈가파우더, 달걀흰자를 모두 넣고 반죽한다. 끈끈하게 반죽이 되면 볼에 담아 3시간 정도 그대로 놓아 둔다.

▶ 02 동그란 링 모양을 만들기 위해서는 크란세카케 틀이 필요하다. 형태를 잘 유지시켜서 구울 수 있다는 장점이 있지만, 없어도 상관없다. 반죽을 길게 늘어뜨리고 끝을 이어서 링 모양을 만들면 된다. 모양이 흐트러지지 않도록 주의하며, 가장 큰 링에서 작은 링 순서대로 만든다.

▶ 03 200도씨 오븐에서 12분 정도 구워 내면 갈색 모양으로 변하게 되는데, 이때 꺼내어 잠시 식혀 둔다. 부서지지 않도록 조심!

▶ 04 고소하고 바삭한 크란세카케 고유의 식감을 위해서는 링 모양으로 쌓아 박스에 넣어 차가운 곳에 하룻밤 정도 놓아 두면 좋다.

▶ 05 달걀흰자와 슈가파우더를 섞어서 아이싱을 만든 후에 짤주머니에 넣는다. 차가운 크란세카케는 30분 정도 상온에 두고 녹인 다음에 아이싱을 시작한다.

노르웨이에서는 전통적으로 크란세카케에 노르웨이 국기를 달아서 장식을 한다. 크리스마스 시즌에는 분위기에 맞는 장식을 하기도 하고, 생일에는 초를 꽂기도 한다.
쌓아 놓은 링 모양이 부서지지 않게 조심해서 윗단의 과자부터 먹는 것이 좋다. 충실한 아몬드의 맛이 입 안에서 쫀득하면서도 바삭하게 부서지는 즐거운 기분을 만끽해 보길.

크란세카케 틀(former)

Chapter 3.

당신을
기억합니다

누군가를 떠오르게 하는 빵 ……

MOZARTTORTE

쿠흔다메를 만나러 갑니다

모차르트 토르테(오스트리아 잘츠부르크)

Mozart Klaviersonaten

jeden Fr/Sa 19 00 Uhr

every friday and saturday 7 p.m.

in der Erzabtei St. Peter,
Romanischer Saal

그 카페를 처음 본 건 일본인 친구 치하루의 여행책에서였다. 오래되어 빛바랜 그림 같은 사진 속 카페의 테라스 풍경에선 따사로운 빛이 쏟아졌고 평화로운 공기가 가득했다. 알 수 없는 일본어 설명이 이어졌지만 어떤 내용이든 상관없었다. 치하루가 그 사진을 보여 주면서 꼭 가보고 싶다고 했을 때 나는 망설이지 않았다.

그녀와 나, 그녀의 남편과 나의 남편. 네 남녀는 태양이 따갑게 내리쬐는 8월의 잘츠부르크에서 한 카페를 찾아나섰다. 게트라이데 거리에서 시작한 우리의 여정은 5분도 되지 않아 알트마르크트 광장에서 끝났다.

"롤리폴리 사탕 같아."

그렇게 얘기하는 하얀 모자 아래 치하루의 얼굴에 미소가 번지는 것이 보였다.

정말 한여름의 카페는 초록색 롤리폴리 사탕으로 가득했다. 테라스엔 초록색 스트라이프 무늬가 들어간 파라솔이 산뜻하게 펼쳐져 있었는데, 그것이 롤리폴리 사탕을 연상케 했다.

우리는 2층 테라스의 사탕 아래에 앉아 카페를 즐기겠노라 했지만, 이미 만석이었다. 잘츠부르크 음악축제가 한창이라 도시 전체가 평소보다 많은 사람으로 북적였는데 이 카페도 예외는 아닌 모양이었다.

책을 보며 설레어하던 친구를 실망시키고 싶지 않아 여기 저기 자리를 찾아보았으나 쉽게 빈자리가 나지 않았다. 그 사이 손님은 계속 들어오고…… 테라스의 손님들은 커피 잔을 비우고도 자리를 떠날 생각이 없어 보였다.

"여기 앉아요. 우리는 떠납니다."

네 남녀의 방황을 눈치 챈 어느 친절한 노부부가 일부러 우리에게 와서 자신들이 머물렀던 테이블을 알려주고 갔다. 곧이어 우리의 착석을 감지한 노련한 웨이터 아저씨가 찾아와 메뉴판을 주었다. 안도와 기쁨의 한숨을 쉬면서 우리는 각자의 커피를 고르기 시작했다.

평소 같으면 나는 두 가지 커피 사이에서 고민했을 것이다. '비엔나 커피'라고 알려진 크림이 몽실 올라간 아인슈패너와, 우유와 크림이 부드럽게 섞여 있는 멜랑쉬 커피 사이에서.

그런데 이글거리는 한낮의 거리를 걸어 다녔더니 시원한 아이스 음료가 절실했다. 정말 신기하게도 나의 그런 고민을 알았는지 웨이터가 다가와 비엔나풍 아이스커피를 마셔 보라고 권하는 것이었다. 수십 년간 한 카페에서 일하는 노련한 웨이터는 손님의 표정과 몸짓만 봐도 무엇을 원하는지 알아보는 것 같았다.

그렇게 우리는 네 잔의 비너 아이스 카페(Wiener Eis Kaffee)를 주문했다. 이어 웨이터에게 어떤 종류의 케이크가 있냐고 물어봤더니 그는 단번에 잘라 말했다.

"쿠흔다메가 올 거예요."

이건 무슨 소리인지……?

정말 그녀가 왔다

새하얀 앞치마를 두르고 커다란 트레이를 들고서. 가슴에 붙인 정갈한 이름표에는 'Frau Jana'라고 새겨져 있었다. 이 '야나'라는 여인은 웨이터가 말하던 쿠흔다메다.

독일어로 '쿠흔다메(Kuchendame)'를 영어로 옮기자면 'Cake Lady'인데, 케이크를 서빙해 주는 여인인 셈이다. 큰 트레이를 번쩍 들고 올 만큼 야나라는 여인은 건강하게 살이 오른 중년의 아주머니였다. 그녀는 우아한 레이스 쟁반을 우리 테이블에 살짝 걸쳐놓고 드디어 그 위의 보물들을 보여 주었다. 종류가 다른 예쁘고 탐스러운 케이크들이 서로 골라 달라는 듯 얼굴을 내밀고 있었다.

"에헤?!"

내려갔다 올라가는 일본인 특유의 감탄사가 치하루의 입에서 터져 나왔다. 물론 처음 경험해 보는 특별한 케이크 선택의 순간에 나도 약간 흥분된 상태였음은 말할 것도 없고.

체리 토르테, 아펠 슈트루델, 자허 토르테, 딸기 롤케이크…… 전형적인 오스트리아 스타일의 케이크들이었다. 어쩜 이리 내가 좋아하는 것들로만 골라서 가져다 놓으셨을까.

나는 부드러운 딸기 롤케이크인 에어드베어 로울라데를, 치하루는 체리 토르테를 손으로 가리켰다. 쿠흔다메 야나 아주머니는 흰 접시에 조심스럽게 케이크들을 올리고 사뿐하게 테이블에 올려 주었다. 케이크를 고르고 서빙해 주는 몇 초간의 우아한 시간이 끝나자, 야나 아주머니는 주머니가 여럿 달린 커다란 지갑을 열고 잠시 기다리셨다.

우리는 벌써 포크를 들고 케이크를 먹을 준비를 했는데, 아주머니는 계산을 기다리고 계셨던 것. 케이크는 그 자리에서 받고 바로 돈을 지불해야 한다는 것을 그제야 알았다. 재촉하지 않았던 야나 아주머니에겐 오랫동안 쿠흔다메로 살아온 전문가의 여유로움이 묻어나왔다. 치하루가 좋아하는 걸 보고는 그녀의 남편인 쇼지 상이 흔쾌히 지갑을 열었다. 계산을 마친 야나 아주머니는 그녀를 기다리는 또 다른 테이블로 바쁘게 사라지셨다.

우리처럼 처음 이 카페에 온 손님들은 그녀가 자신들의 테이블로 걸어올 때마다 놀라며 반가운 웃음을 지었다. 그 광경을 구경하는 것도 어쩜 그렇게 재미가 있던지. 쟁반 위의 케이크를 고르는 그들의 맛있는 고민과 즐거운 표정이 조금 전 우리의 모습이어서였을까. 나는 고개를 살짝 옆으로 돌려 흐뭇하게 그들을 바라보았다. 물론 들키지 않게.

곧이어 웨이터가 가져다 준 비엔나풍의 아이스커피에는 얼음이 들어 있지 않았다. 향긋하고 진한 커피 안에는 차가운 바닐라 아이스크림이, 위에는 휘핑크림이 올려 나왔다. 보기만 해도 달 것 같았는데, 단맛보다는 고소함과 적당한 시원함이 어우러진 맛이었다. 우리는 그렇게 케이크 한 입, 커피 한 모금 그리고 노천카페만이 가진 생동감 있는 웅성거림 안에 녹아들어 시간 가는 줄 몰랐다.

우리가 앉아 있는 이 카페의 이름은 토마젤리

토마젤리(Tomaselli)는 카페 주인의 이름에서 비롯되었다. 1781년 젊은 테너 쥐세페 토마젤리는 밀라노에서 잘츠부르크로 건너와 음악 활동을 했고, 1896년 그의 아들은 1705년에 문을 연 오래된 카페를 인수하여 지금의 '카페 토마젤리'를 만들었다.

이 카페가 유명한 건 300년이 넘은 역사이기도 하지만, 잘츠부르크의 모든 것이라고 할 수 있는 모차르트가 즐겨 찾던 곳이라는 데 있다. 모차르트는 토마젤리에 와서 아몬드 우유라고 할 수 있는 '만델밀쉬(Mandelmilch)'를 자주 마셨다고한다. 그의 사후에도 부인이었던 콘스탄체는 카페를 자주 찾았으며, 심지어 같은 건물에서 살았다는 얘기도 전해지고 있다.

유서 깊고 모차르트의 단골 카페라는 것만으로도 이미 특별함을 부여받은 이곳이 여행자들에게 더욱더 인상 깊게 남는 이유는 단연 '쿠흔다메' 때문이다. 카페 스스로도 케이크를 가져다주는 메이드가 있다는 것을 자부심 있게 내세운다. 나 또한 치하루가 이끌어서 처음 가본 이후, 쿠흔다메에게 케이크를 사는 것이 즐거워 잘츠부르크에 갈 때마다 토마젤리에 들르곤 했다.

처음 만났던 야나 아주머니는 그 후에도 테라스에서 몇 번 뵈었고, 한겨울 카페 안에서는 금발의 날씬한 또 다른 쿠흔다메를 만났다. 역시 하얀 앞치마를 둘렀지만 목에는 붉은 스카프를 멋스럽게 둘러 정말 어느 귀족 집안의 메이드 같은 분위기를 가진 분이었다.

나는 그녀에게 말을 걸고 싶어서 케이크를 골라 달라고 한

적이 있는데, 그녀는 높은음자리표가 경쾌하게 올라가 있는 '모차르트 토르테'를 추천했다.

"맛있기도 하고…… 이곳은 모차르트의 카페니까 한번 먹어 봐요."

그러면서 눈웃음을 던지는 아주머니는 잘츠부르크의 여인답게 우아하고 아름다웠다. 가벼운 초콜릿 누스크림 레이어드에 으깬 체리가 들어가 있어 상큼한 맛까지 더해진 케이크. 맛도 맛이지만 이 케이크의 매력은 모차르트를 연상시키는 높은음자리표인 것 같다.

모차르트 토르테는 모차르트가 여행 다니면서 즐겨 먹었던 케이크라고도 하고, 잘츠부르크 음악축제를 기념하기 위해 제과점에서 내놓았던 케이크라는 얘기도 있다. 이름은 모차르트 타이틀을 달지만 모양이나 만드는 방법이 제각각이라, 내가 먹은 케이크는 토마젤리 카페 스타일의 모차르트 케이크인 셈이다.

내가 살던 뮌헨에서 가깝다는 이유로 잘츠부르크에 열 번 이상 방문하게 되었는데, 그때마다 케이크를 고르려 토마젤

리에 달려가곤 했다. 카페 안에 들어서면 벌써 설레는 마음. 오늘도 야나 아주머니가 계실지, 케이크 아주머니는 어떤 케이크들을 쟁반에 담아 오실지.

  이곳에서만은 선택의 순간이 먹는 순간보다 더 짜릿하다.

시칠리아의 가장 달콤한 여인, 페페

돌체 그리고 카놀리(이탈리아 시칠리아)

나의 친구를 소개합니다.

그녀의 이름은 페데리카. 루이비통과 마라톤을 좋아하는 세련되고 건강한 이탈리아 여인입니다. 늘 팔찌를 여러 개 겹쳐 차며, 또르르~ 말려들어가는 그녀의 영어는 아주 귀엽습니다. 세계적인 전자회사에서 일하며 공학박사 과정을 밟고 있는 야무지고 똑똑한 친구이지요.

아, 그리고 카놀리(Cannoli)를 아주 잘 만듭니다.

맛있는 만남으로 시작한 우정

남편의 친구였던 루카의 여자친구로 처음 만났다. 우리의 첫 만남은 그녀의 집에서였다. 뮌헨의 어느 추운 겨울날, 따뜻한 이탈리아 가정식을 준비했다면서 그녀는 우리를 집으로 초대했다. 우리에겐 늘 잘 다려진 린넨 식탁보를 덮은 식탁에서 나비넥타이를 한 웨이터가 서빙해 주는 이탈리아 음식을 먹었던 기억밖에 없었다. 그랬기에 어떤 음식이라도 특별한 기분으로 먹을 준비가 되어 있었다.

악수를 나누고 어깨를 안고 양쪽 볼에 입맞춤을 하는 아직은 어색하기만 한 인사가 끝나고, 겨울밤의 아늑함이 느껴지는 낮은 불빛의 거실에서 우리는 식전음식인 아페르티보를 즐겼다. 부르스케타, 바질페스토를 바른 바게트, 그린올리브와 염소치즈 그리고 비노비앙코. 처음 만나는 이들을 앞에 둔 나의 경직된 눈빛을 읽은 걸까. 오븐 주변에서 음식을 준비하던 그녀는 나와 눈만 마주치면 웃어 주느라 더 바빴다.

샐러드, 리조또, 돌돌 말린 소고기 요리까지. 페데리카와 루카는 서로 도와 가면서 차분하게 음식을 서빙해 주었다. 멋스럽게 장식된 레스토랑의 이탈리아 요리들에 비하면 멋없지만, 그 소박한 모양새가 정말 가정식을 먹는다는 기분을 듬뿍 느끼게 해주었다. 그리고 역시 이탈리아인답게 돌체(Dolce, 디저트)와 카페(Caffe)가 빠질 수 없었으니.

루카는 모카포트를 작동시켰고, 페데리카는 직접 만들어 놓았던 초콜릿 케이크를 접시에 담아냈다. 아, 초콜릿 케이크! 내가 초콜릿 케이크를 좋아한다는 것을 그녀가 알 리는 없었다. 그러나 그 초콜릿 케이크 하나로 그녀는 닫고 있던 내 호감의 주머니를 활짝 열어 놓았다.

나는 그녀가 조각 케이크에 크림 올리는 것을 거들면서 나의 초콜릿 케이크에 대한 애정을 표시했다. 이탈리아의 귀여운 과자 아마레티(Amaretti)까지 올라간 페데리카의 초콜릿 케이크와 진한 에스프레소 한 잔으로 우리는 깊어가는 밤을 무색하게 만들며 달콤쌉싸름하게 잠을 깼다.

그 길었던 밤 이후, 미식가 커플인 루카와 페데리카와는 뮌헨 곳곳에서 맛있는 음식과 함께 우정을 나누었다. 미식가 이탈리안 친구를 둔다는 건 가장 맛있는 피자리아와 젤라테리아를 알게 되는 것이고, 싸고 좋은 와인을 고르는 법을 익히게 되며, 각종 달콤한 디저트에 대한 상식이 늘어난다는 것을 의미했다.

음식을 사먹고 좋은 요리재료를 찾는 데에는 시간과 돈을 아끼지 않는 이탈리아인. 우리가 자주 보던 독일인들의 기질과는 확실히 다른 면이다. 그 때문에 우리는 음식에 대한 식견과 경험이 넓어졌고, 늘 만나면 맛있는 대화를 나눌 수 있었다.

어느 날 루카와 페데리카는 고향인 시칠리아에서 결혼식을 할 거라는 얘기를 전했고, 우리가 꼭 와줬으면 좋겠다고 했다. 시칠리아…… 파라다이스의 이미지로 막연하게만 떠올려 보는 그곳에서 결혼식이라니!

결혼식 초대장을 건네주던 날, 페데리카는 나에게 자기를 페페(Fefe)라고 불러 달라고 했다. 나에겐 애칭으로 불리고 싶다면서.

시칠리아의 맛있는 날들

5월의 시칠리아는 남쪽나라의 태양빛과 여유로움이 가득했

다. 우리는 독일인 친구인 게랄드와 크리시 커플과 함께 시칠리아에 도착했다. 그날 늦은 오후에 팔레르모의 우아하고 오래된 바실리카에서 루카와 페데리카의 결혼식이 있었고, 어둑해져서야 카리니의 레스토랑에서 피로연이 열렸다.

피로연장의 정원에는 노란 달빛이 쏟아졌고, 나무에는 비현실적으로 레몬이 탐스럽게 열려 있었다. 레몬나무 주위를 걸으며 우리는 루카와 페데리카를 기다렸다. 마세라티를 타고 상큼한 레몬과 닮은 신혼부부가 도착했다.

이날은 내 생애 최고의 이탈리아 코스요리를 맛본 날로 기억되는데, 새벽 2시까지 계속된 피로연 내내 끊이지 않고 음식이 나왔다. 우리가 축의금을 더 냈어야 하지 않았나 잠시 우려까지 했던, 시칠리아 특유의 풍성한 해산물로 만든 코스요리. 루카가 기대하라고 했지만 상상 이상이었다. 게다가 마지막으로 엄청난 종류의 돌체가 준비된 야외 식탁을 보고도 도저히 손을 댈 수 없었다.

다음 날부터 우리는 시칠리아 여행을 시작했다. 팔레르모, 시라쿠사, 라구사, 노토, 에리체, 트라파니…… 작은 자동차를 타고 아직은 거칠고 원시의 모습까지도 남아 있는 곳곳을 다니는 여정엔 큰 기쁨이 하나 동행했다. 바로 시칠리아의 돌체다. 시칠리아에서 맛볼 수 있는 과자나 빵들이 이렇게 다양할 줄은 몰랐다. 피로연이 끝나고 인사를 나누던 페페는 나에게 꼭 카놀리를 먹어 보라고 눈을 크게 뜨면서 일러주었다.

카놀리가 뭐길래.

나는 음식과 와인에 취해 그 얘기를 그냥 흘려보낸 채 까맣게 잊어버리고 있었는데……

트라파니의 한 레스토랑에서 게랄드와 크리시 커플과 저녁식사를 하던 때였다. 안티파스토가 유명하다는 그곳. 메인 요리가 나오기도 전에 감칠맛 나는 익힌 야채들로 한가득 안티파스토를 먹고 나니 이미 배가 부른 상태였다. 게다가 메인 요리들도 양이 적지 않았다. 우리 넷은 맛있지만 조금은 힘겹게 식사를 하고 있었다.

옆자리에는 키가 크고 날씬한, 게다가 화려한 초록색 원피스와 금빛 장신구로 치장한 한 여인이 앉아 있었다. 그녀는 우리처럼 안티파스토를 큰 접시로 한 그릇을 비우고도 파스타와 생선요리를 거침없이 다 먹는 것이 아닌가. 그러고는 마지막으로 작은 돌체까지 시켜서 가볍게 눈을 감으면서 맛을 음미했다. 주문할 때 들리던 목소리와 이탈리안 여인 같지 않은 큰 키, 그리고 어깨 골격으로 보아 나는 그녀가 '게이'라는 생각이 들었다. 그렇게 주의를 끌던 그녀가 자리를 뜨며 우리에게 다가와 말을 걸었다.

"배부르더라도 카놀리는 꼭 먹어 봐요. 이 집 카놀리는 이

동네 최고니까요."

완벽한 영어를 구사하며 굵은 목소리의 그녀는 레스토랑을 떠났다.

"맞지?!"

"응, 맞아."

우리 넷은 일일이 다 설명하지 않아도 그녀가 여자가 아니라는 데에 의견을 모았다. 그렇다면 그녀가 그렇게 눈을 감으면서까지 깊은 맛에 빠졌던 카놀리를 먹을 것인가. 남편과 크리시는 도저히 배가 불러서 안 되겠다고 했고, 게랄드와 나는 호기심이 사그라지지 않아 하나만 시켜서 나눠 먹기로 했다.

작은 접시에 나온 그것은 리코타 치즈를 한아름 안고 있는 얇은 과자였다. 밀도감 최고인 리코타 치즈라니. 내가 생각한 가벼운 돌체가 아니었지만, 나는 반을 먹었다. 이날 내가 먹은 카놀리는 어떤 데코레이션도 없는 매우 담백한 스타일이었는데, 묵직하면서 부드러운 치즈 맛이 입 안 가득 강렬하게 느껴져 혀가 놀랄 정도였다. 남편은 무라카미 하루키의 글에서 보던 한 장면 같다면서 나와 게랄드를 놀려댔다.

식사 후에 나는 에스프레소 커피를 마시고 아내는 케이크를 먹는다. 여자들은 후식용으로 작은 예비 위장을 가지고

태어난 것일까. — 무라카미 하루키 〈먼 북소리〉 중에서

게랄드는 방금 나간 여자도 자신도 여자는 아니라면서 손사래를 치며 웃었다.

지나고 보니, 시칠리아에서만큼은 나에게 후식용 예비 위장이 있다는 것을 부인할 수 없었던 것 같다. 구름 위를 걷는 듯한 높은 중세도시 에리체에서는 진짜 레몬 같았던 마지판 과자인 푸루타 마르또라나(Frutta Martorana)를, 시라쿠사에서는 아몬드 페이스트 과자인 빠스타 디 만돌레(Pasta di Mandorle)를, 팔레르모의 한 카페에서는 납작한 시칠리아식 브리오슈와 시원한 얼음음료인 그라니타를, 루카가 크리스마스에 먹는 빵이라고 알려주었던 무화과 맛 가득한 부첼라 디 피코(Buccellati di Fico)를 먹었던 순간들.

페페의 카놀리

"Leave the gun. Take the Cannoli."

살인청부업자도 챙기는 과자. 뮌헨으로 돌아와 결혼식을 마친 페페를 다시 만났을 때 그녀는 카놀리가 영화 〈대부〉에

도 나오는 유명한 시칠리아 과자라고 했다. 진작 알았다면 시칠리아 본토에서 많이 먹고 오는 건데 아쉽다고 했더니, 그녀는 자기가 가장 좋아하는 고향의 과자라며 언젠가 한번 직접 만들어 주겠다면서 위로했다.

1년 후, 그녀는 정말 나에게 카놀리를 만들어 주었다. 그날을 떠올리면…… 아직도 눈가가 촉촉해지고 페페가 무척 그립다. 우리가 뮌헨을 떠나 서울로 돌아오던 전날 밤. 페페는 처음 만났던 날처럼 우리에게 따뜻한 밥을 해주고 싶다며 집으로 초대했다. 한사코 우리는 거절을 했다. 페페가 아이를 가져서 한참 입덧으로 고생하고 있었기 때문에. 하지만 그녀는 특유의 쾌활함으로 괜찮다면서 꼭 그렇게 하고 싶다고 했다.

그날 밤, 시칠리아에서 공수한 살라미와 치즈로 그 어느 때처럼 가볍고 즐겁게 식탁의 시간은 시작되었고, 라쟈냐와 소고기 요리로 부드럽고 든든하게 이어 갔다. 그 순간 우리는 내일 헤어지는 사람들이 아니었다. 그 무렵 후끈했던 유로 축구 얘기를 나누고, 페페의 아이 이름을 지어 보기도 하며, 시칠리아에서 보냈던 지난여름을 떠올리기도 했다.

카놀리가 나오기 전까지는.

페페는 피스타치오가 듬뿍 뿌려진 카놀리를 접시 가득 내놓았다.

"페페가 이거 만드느라 좀 고생했어, 맛있게 먹어야 해!"

　루카는 페페의 어깨를 어루만지며 그녀의 정성을 알아 주기를 당부했다.

　'그렇게 말하지 않아도 알아, 루카.'

　보기에는 간단해 보이지만, 리코타 치즈를 덮은 과자를 만들려면 반죽을 틀에 입혀 튀겨야 한다. 입덧을 하는 여인에게 결코 쉽지 않은 일임을 나는 알고 있었다. 그날따라 나의 후식용 예비 위장은 고장이 났는지, 헤어짐의 기류를 혀가 감지했는지. 나는 전혀 그녀의 카놀리 맛을 느낄 수가 없었다.

　접시에 쌓아둔 카놀리만큼 높고 리코타 치즈 맛처럼 깊은 그녀의 정을 느끼고 난 후에는, 내일 떠난다는 현실감이 물밀듯 찾아들었다.

　늘 작은 것에도 마음이 약해서 눈물을 보이는 나. 이번에는 울지 않으려고 애썼다. 그런데 먼저 눈물을 보인 건 페페였다. 시칠리아의 태양을 닮은 언제나 밝은 그녀의 눈물은 뜻밖이었다. 카놀리를 만들며 그녀가 느꼈을 그 감정은 내가 카놀리를 먹으면서 느낀 그것과 같았으리라.

　잊지 않을게, 페페. 너의 카놀리, 그 마음을.

다시 찾은 맛

마카롱(프랑스 디종)

"내 매니큐어 색 어때? 이 노란 마카롱이랑 잘 어울리나? 사진 예쁘게 찍어 줘야 해."

그녀의 손톱은 레몬빛으로 물들어 있었고, 손에는 노란 마카롱 시트롱(Macaron Citron)이 들려 있었다. 그건 사랑에 빠진 손. 나는 1년에 한두 번은 그 사랑에 물든 손을 볼 수 있었다. 노란 마카롱을 들고 있는 노란 손톱의 그녀의 손에서는 정말 레몬향이 묻어 있었다.

"아, 이번엔 레몬맛이에요? 향이 너무 좋아요."

나는 이렇게 대답하고, 그녀가 미리 준비한 폴라로이드를 집어 들었다.

찰칵.

몇 초 후, 백지였던 사진에는 노란 마카롱을 먹는 사랑에 빠진 손과 환한 웃음을 짓는 그녀의 얼굴이 드러났다. 사진을 본 그녀는 흡족한 표정을 지으며 고맙다고 했다.

"현정 씨가 찍어 줘야 역시 잘 나와."

그러면서 미리 준비한 리무버를 꺼내 솜에 적시고는 손톱을 쓱쓱 문질렀다.

"아깝다. 이번에는 그냥 둬요."

나는 그 레몬향이 사라지는 손톱을 보면서 안타까워 말했지만, 그녀는 회사에서 너무 튀는 색이라면서 지체 없이 색을 벗겨냈다.

그녀가 매니큐어를 지우는 동안 나는 마카롱을 먹는다. 조금 전에 그녀가 들고 있던 노란 마카롱 시트롱을.

회사 휴게실에 준비된 오렌지 페코 홍차 티백을 우려내어 마카롱과 함께. 난 오늘도 그녀에게 '마카롱을 맛있게 먹는 사람'이다.

잃어버린 사랑의 맛

그녀 K와 나는 회사 동료 사이였다. 나이는 내가 두 살 어렸고 부서도 달랐지만, 이야기를 나누면 서로 편했고 자잘한 취향들이 비슷해서 만나면 지루할 틈이 없었다. 그녀는 늘씬한 키에 유난히 새까만 긴 머리며 살짝 올라간 입꼬리가 무척 관능적인 아름다움을 풍겼다.

그런 그녀에게는 프랑스 파리에서 건축을 공부하는 남자친구가 있었다. 서울과 파리에 떨어져 있는 그 연인은 잦아야 1년에 두세 번을 보는 정도였다. 그가 서울에 오거나 그녀가 파리에 다녀온 후에는 항상 옅은 올리브 그린색의 우아한 라뒤레 마카롱 상자를 들고 왔다. 그런 날에는 꼭 나를 불렀다.

언젠가 왜 이 귀한 것을 나랑 먹느냐고 물었던 적이 있다.

"우리 가족들은 파리에 남자친구가 있는 거 아직 몰라. 그리고 가져다줘도 한 입 먹고 무슨 맛이냐고 버리거든."

 가족도 모르는 비밀과 서울에서는 찾기도 어려운 이국적인 과자를 나에게 나누는 이 여인. 그녀가 나를 회사 동료 이상으로 여기고 있다는 걸 그때 알았다. 남자친구 얘기를 할 때 입가에 번지는 미소며 톤이 높아지는 목소리를 나는 그저 마주앉아 편안하게 흡수했던 것뿐인데.

 그녀 덕택에 세상에 이렇게 베어 먹기가 망설여지는 연약한 아름다움을 가진 과자가 있다는 것을, 파리의 라뒤레라는 살롱드떼의 마카롱이 얼마나 곱고 맛있는지를 알게 되었다. 가끔 파리의 그가 서울로 오는 친구 편으로 마카롱을 보낼 때가 있었다. 그럴 때면 그 마카롱이 그녀에게 얼마나 큰 행복으로 전해졌는지 그가 알았으면 좋겠다면서, 그녀는 마카롱의 색에 맞추어 옷을 입거나 매니큐어를 바르고 그 사진을 찍어서 그에게 보내곤 했다. 디지털 카메라의 사진은 너무 차갑다면서 꼭 폴라로이드를 고집했는데, 그 사랑에 빠진 마카롱 여인의 사진을 찍는 건 내 몫이었다.

 그러던 어느 날부턴가. 그녀가 꽤 오랫동안 나를 사진사로서 부른 적이 없다는 걸 알았다. 그녀의 화사하고 고왔던 마카롱빛 사랑이 시들고 있다는 느낌이 들었다.

 "잘 안 되고 있어요?"

 차를 마시며 조용히 물어보았다. 그녀는 조용히 고개만 끄덕였다. 더 이상 뭔가를 물어볼 수 없을 만큼 생기를 잃은 그 눈빛이 안쓰러웠다. 늘 얘기를 듣는 입장이었던 나는 무슨 말로 어떻게 위로를 해야 할지 몰랐다. 그런 나를 잘 아는 그녀가 먼저 입을 열었다.

"떨어져 있어서 그런가 봐. 오해도 많이 생기고…… 이제 지치네."

이미 그녀는 사랑을 놓을 준비가 된 것 같았다. 그리고 정말 며칠 뒤에 '생애 두 번째 이별을 했다'는 문자메시지가 왔고, 그로부터 한 달 뒤에 그녀는 회사를 그만두었다. 머리를 식힌다면서 언니가 있는 호주로 떠날 거라는 얘기를 전했는데, 그 후 서울로 돌아왔다는 소식은 듣지 못했다.

K가 사라지고 나는 오렌지 페코와 함께했던 마카롱 티타임을 잃어버렸다.

다시, 누군가와 함께 시작하는 맛

몇 년 후, 서울의 백화점에도 마카롱이 들어오기 시작했다. 쇼핑하러 나가면 가끔 두세 개 정도를 사서 먹곤 했는데, 맛있다는 생각이 든 적은 한 번도 없었다. 라뒤레의 맛이 아니어서일까. 혼자 먹는 마카롱은 맛이 없는 걸까. 아니면 사랑에 빠진 그녀의 발그레한 미소가 곁에 없어서일까…… 이유를 모른 채 마카롱은 점점 내 입맛에서 멀어졌고, 그 무렵 나는 파리로 여행을 가게 됐다.

먼 곳으로 떠나오면, 진은영 시인의 시에서처럼 김 뿌린 센베이 과자보다 노란 마카롱을 좋아하게 될 줄 알았다. K의 라뒤레의 마카롱 상자를 여는 순간을 떠올리며 라뒤레 살롱 드떼에 갔다. 겨울비가 추적추적 오던 샹젤리제 거리를 걸어오느라 지친 상태였으나, 라뒤레에 들어선 순간 젖었던 기분을 감싸안는 따뜻하고 안락한 공기가 반가웠다. 내 몸을 감싼 건 뜨거운 물을 갓 부어내린 얼그레이였고, 타르트 타탕의 사과향이기도 했다. 오랜만에 코끝에 와닿은 레몬의 향기까지.

마카롱 시트롱, 노란 매니큐어, 그리고 K.

나는 망설임 없이 마카롱 시트롱을 주문했다. 22층 빌딩 휴게실에서 함께 내려다보던 해질 무렵의 영동대로, 오렌지 페코 티백 하나를 우려 나눠 마시던 두 여인, 그리고 마카롱을 먹던 날에는 유난히 아름다웠던 K. 마카롱으로 행복했던 한때가 영화 장면처럼 스쳐갔다. 그녀가 참 보고 싶었다. 과거의 그 맛이라도 반갑게 만날 수 있기를.

나는 라뒤레의 마카롱 시트롱을 한 입 베어 입 안에서 천천히 녹였다.

이 맛이 아니었어.

시큼한 사랑의 끝맛만이 강하게 느껴졌다. 오후의 티타임을 즐기는 우아한 파리지엥들 사이에서 나는 홍차를 빠르게 두 잔 따라 마신 후 밖으로 나왔다.

시간은 흐르고 내 삶도 별일 없이 이어져 갔다.

마카롱을 먹지 않더라도 말이다.

그런데 어느 날 그 영화를 보고 만 것이다. 화면 속 식탁의 음식들은 먹기 위해 차려진 것이라고 보기엔 너무나 화려하고 예술작품에 가까운 것들이었다. 영화를 보다가 그토록 장면 속으로 들어가고 싶다고 생각한 적이 없었던 것 같다.

영화 〈마리 앙투아네트〉에서는 케이크와 마카롱이 넘쳐났다. 각자 마카롱 트리를 앞에 두고 디저트를 즐기는 모습에서는 부럽다는 생각보다는 너무하다라는 느낌까지 들었다. 소피아 코폴라 감독은 이 영화를 밝고 화사한 마카롱 빛깔과 같은 분위기를 연출하려고 했다는데, 라뒤레에서 만들었다는 마카롱 트리 하나로도 그 의도는 충분히 살리고도 남았다.

그렇게 이 영화는 잠잠했던 마카롱 욕망을 자극했다. 그 영화를 본 후에 얼마 안 있어 우리는 프랑스 디종이라는 도시로 여행을 가게 되었다. 그 유명한 디종머스터드를 사려고 돌아다니다가 우연히 한 빵집 앞에 섰다. 빵집의 유리창 앞에서 갓 구운 쿠키와 마카롱을 진열하는 아가씨와 눈이 마주쳤다. 아가씨는 순간 놀란 나에게 미소를 보내주었다. 이렇게

되면 빵집에 들어갈 수밖에.

그리 배가 고픈 때가 아니어서 우리는 간단히 쿠키를 사려고 했다. 쿠키를 고르려다 전주에 보았던 마리 앙투아네트의 영화가 생각나서 마카롱을 골랐다. 나의 작은 마카롱 트라우마와 마카롱을 별로 좋아하지 않는 남편을 생각해서 딱 두 개만. 우리는 부서질까 조심스럽게 들고 나와 머스터드 가게로 향하는 길에 하나씩 나누어 먹었다. 순식간에 입 속에서 녹아 사라진 후 우리는 걸음을 멈추었다.

"마카롱이 원래 이렇게 맛있었나? 하나로는 아쉬운걸."

마카롱에 회의적이던 그는 내가 하고 싶은 말을 꺼냈다. 영화 속에서 보았던 파스텔 톤의 예쁘고 먹음직스러운 마카롱을 그리며 먹어서일까. 아니면 그 빵집의 친절하고 아름다운 아가씨의 인사 덕분일까. 7년 만에 다시 찾은 마카롱의 맛은 아직도 디종의 머스터드 맛보다 강렬하게 기억되고 있다.

그 후 다시 파리에서 나는 마카롱과 완벽한 화해를 나누었다. 길을 지나다가 가까운 곳에서 한국말이 들리기에 그쪽으로 고개를 돌려 보니, 꼬마 남자아이가 함박웃음을 지은 채 엄마와 함께 어느 상점 앞에 서 있었다. 그 아이가 서 있던 곳

은 피에르 에르메라는 유명한 파티셰의 가게였고 아이의 손에는 작은 상자가 들려 있었다.

"아잉~엄마, 나 지금 먹을래!"

아이는 웃음 반 울음 반 엄마를 조르고 있었고, 엄마는 호텔로 돌아가서 먹자고 달래는 중이었다. 기어코 아이는 상자를 열었고, 상자에서는 겨울빛이 무색할 정도로 화사한 마카롱이 쏟아졌다. 너무 기쁜 나머지 상자를 허겁지겁 열다가 바닥에 모두 떨어뜨린 것이다.

"엄마가 뭐랬니, 호텔 가서 아빠랑 같이 먹자고 했잖아."

다행히도 엄마는 크게 화를 내지 않았고, 다시 아이를 데리고 피에르 에르메 매장으로 들어갔다. 아이가 너무 귀여워서, 아이가 쏟은 마카롱 빛에 이끌려 나도 뒤따라 들어가 버렸다. 손가락으로 가리키며 아이는 마카롱을 하나하나 고르고 있었다. 내가 뒤에 줄을 서자 한국인인 것을 눈치 챘는지 말을 걸어오는 아이.

"어, 이 마카롱이요. 비크니티가 제일 좋아하는 거예요!"

"비크니티? 그게 누군데?"

하지만 아이에게 내 질문은 더 이상 들리지 않는 듯했다.

"포켓몬스터에 나와요. 비크니티가요."

아이 엄마는 웃으면서 대신 답을 해주었다. 포켓몬 영화에 나오는 비크니티가 마카롱 먹는 장면을 보고 계속 졸랐다는 것이다. 파리에 여행 온 김에 사러 온 건데 아이가 이렇게 좋아할 줄은 몰랐다는 것.

꼬마아이, 포켓몬스터, 피에르 에르메 그리고 마카롱 로즈.

마카롱이 이렇게 유쾌한 존재감으로 다가올 수 있다는 걸 처음 알았다. 마카롱의 맛을 다시 사랑하는 데 시간이 참 많이도 흘렀다. 그리고 알았다. 과자 하나도 사건에 따라 사람에 따라 맛이 달라진다는 것을.

나는 다시 마카롱을 맛있게 먹는 사람이 되었다. 그래도 귀여운 비크니티를 따라갈 수는 없지만 말이다.

H의 슈톨렌을 좋아해

슈톨렌(독일 드레스덴, 뮌헨)

크리스마스를 앞둔 12월 초였다. 소파에 누워 나른하게 TV를 보다가 드레스덴의 슈톨렌 축제의 어느 장면에서 벌떡 몸을 일으켰던 기억이 있다.

수많은 인파들 사이에서 어떤 남성이 아이 키만 한 큰 나이프를 들고 거대한 슈톨렌 빵을 자르는 모습이었다. 하얀 제빵사 옷을 입은 남자가 흥분된 말투로 하는 말.

"이 슈톨렌은 길이가 3미터, 높이가 87센티미터, 무게가 2700킬로그램이 넘는 세계 최대의 슈톨렌이에요!"

독일에서 해마다 크리스마스 시즌이 되면 빵집에서 그리고 슈퍼마켓에서 보던 슈톨렌을 떠올리기엔 TV 속의 슈톨렌은 두 마리의 말이 끌기에도 벅차 보일 만큼 컸다. 마치 큰 눈덩이를 힘겹게 자르는 것 같은 수고로움까지 느껴지는 장면이었는데 사람들은 소리를 지르며 열광했고, 보도하던 기자도 이런 즐거운 순간이 어디 있겠냐는 듯 신나는 말투로 뉴스를 전하고 있었다.

어찌 보면 커다란 음식을 만들어 놓고 너도나도 좋아하는 모습이 우스꽝스러워 보이기도 하고 신기하기도 하고⋯⋯ 그러다 한 여인의 행복한 인터뷰를 보면서 생각이 바뀌었다.

"여럿이 이 슈톨렌을 나눠 먹으니 더 맛있는 것 같아요. 크리스마스잖아요!"

그렇다. 곧 크리스마스. 이 계절엔 나처럼 맛없는 스페인

산 귤이나 까먹는 게 아니라, 저렇게 하얀 눈이 내린 듯 예쁜 슈톨렌을 먹어야 하는 건데 말이다. 날이 밝으면 나도 빵집에 가서 슈톨렌을 사오리라.

그렇게 다짐을 했었는데, 그해 겨울 내내 나는 또 슈톨렌을 까맣게 잊고 살았다. TV 속의 슈톨렌을 황홀하게 바라보았는데도 내가 금세 그 기분과 사오겠다던 다짐을 잊어버린 건…… 아마도 '그것'이 들어가 있어서였을까.

지금의 슈톨렌이 있기까지

슈톨렌(Stollen)은 크리스마스에 먹는 독일 전통 빵이다. 독일에서는 12월 초에 슈톨렌을 만들어서 아드벤트(Advent, 크리스마스 전의 4주간) 동안 일요일마다 이 빵을 썰어 먹으면서 크리스마스를 기다린다. 발효 빵이어서 오랫동안 보존할 수 있기 때문에, 겨울 내내 2~3개월 동안 조금씩 먹기도 하는 대표적인 겨울시즌의 빵이다.

슈톨렌은 건포도나 잘게 썬 레몬, 오렌지 필, 그리고 견과류, 마지판(설탕과 아몬드를 갈아 만든 과자) 등을 럼주에 담갔다가 발효 반죽과 섞어서 만드는데, 바로 내가 슈톨렌에 빠져들지 못하게 하는 '그것'이 이 중 하나다. 나는 말린 과일이 빵 안에 들어간 것을 좋아하지 않는다. 빵집에서 슈톨렌을 볼 때마다 그 빵의 단면을 관찰하고는 다시 내려놓았던 이유가 빵 안에 촘촘히 들어간 건포도와 말린 과일들 때문이었던 것. 게다가 럼주에 들어갔다 나온 '그것'들은 얼마나 달고 코를 찡하게 할지…….

원래 슈톨렌은 지금처럼 달지 않았다고 한다. 슈톨렌을 만들어 먹던 15세기에는 종교적인 이유로 아드벤트 기간 동안 빵을 만드는 데 버터를 사용하는 것이 금지되었다. 그 기간에는 버터 대신 오일을 넣어 빵을 만들어야 했기 때문에, 빵맛은 평소보다도 덜했고 빵 또한 금세 딱딱해지곤 했다.

작센 왕국의 에른스트 왕자는 로마의 교황에게 이런 금지령을 풀어 달라 했고, 교황은 친히 왕자에게 편지를 써서 그 왕족들만 버터를 먹을 수 있도록 허락했다고 한다. 이때 쓴 교황의 편지는 '버터편지(Butter Letter)'로 유명하다.

왕족이 아닌 다른 사람들은 성당을 짓는 데 사용하기 위한 금을 내면 버터를 사용하도록 했다. 이후 몇 백 년이 흘러 작센왕국이 프로테스탄트로 바뀌면서 빵에 버터를 쓰는 것이 일상화되었다. 이런 역사적인 흐름에 따라 달지 않고 담백했던 슈톨렌도 점점 더 많은 버터를 사용하게 되었고, 마지판 같은 단 내용물이 첨가되면서 지금의 달고 뭔가 많이 씹히는 빵의 모습을 갖추게 된 것이다.

 전통이 있는 빵인 만큼 독일의 각 가정은 집안마다 내려오는 슈톨렌 만드는 방법이 있다고 하는데, 어디 담백하고 달지 않은 슈톨렌 레시피를 가진 집 없나요?

슈톨렌을 간절히 원했을 때

슈톨렌을 처음으로 빵집에서 샀던 때는 독일에서 마지막 크리스마스를 맞던 2011년 12월이었다. 매일 외출할 때마다 지하철 광고 벽에 붙어 있던 슈톨렌 아가씨의 미소를 보게 되면서, 정말 이젠 먹어 볼 때가 왔다는 생각이 들었다.

 뮌헨의 가장 큰 빵집인 리샤르트에는 모든 빵들을 제치고 갖가지 슈톨렌들이 가득 쌓여 있었다. 만델(Mandel, 아몬드)슈톨렌, 몬(Mohn, 양귀비 씨)슈톨렌, 마릴렌(Marillen, 살구)슈톨렌 등 종류만 해도 10여 가지는 되어 보였다.

 나의 첫 슈톨렌은 내가 좋아하는 몬이 들어간 것으로 골랐다. 기대를 안고 한 조각 먹었는데, 버터가 많이 들었는지 기름지고 정말 예상보다 너무 달았다. 묵직한 500그램짜리 슈톨렌은 한 조각이 잘려 나간 이후 그냥 방치될 운명에 처했다.

역시 나는 슈톨렌이랑 친해지기 힘든 건가.

그 무렵에 뮌헨의 옆 동네인 로젠하임에 사는 H라는 동생을 알게 되었다. 그녀는 독일에서도 어쩜 그리 한국요리를 맛깔나게 차려먹는지. 그녀가 인터넷에 올린 요리 사진들은 늘 감탄을 자아냈다. 같은 재료를 가지고도 센스 있게 창의적인 요리를 만들어 내는 재주는 정말 부럽기 그지없었다. 게다가 H는 베이킹도 좋아해서 내가 카페나 빵집에서나 보는 것들을 척척 잘 만들어 냈다.

내가 몬슈톨렌에 질려 버린 그 즈음에 그녀는 직접 슈톨렌을 만들어서 인터넷에 공개했다. 본인도 슈톨렌에 정붙이기 힘들다면서 그녀만의 스타일로 만들었다는 그 슈톨렌!

보는 순간 한 입만 맛을 보았으면 하는 생각이 얼마나 간절했는지 모른다. H가 옆 동네가 아니라 우리 옆집에 살면 얼마나 좋을까.

"언니, 우리 만날까요? 저 토요일에 뮌헨 가요."

한 해가 끝나기 전에 보고 싶기도 했고, 이제 곧 나의 출산일도 다가왔기 때문에 만나는 걸 주저할 필요가 없었다.

우리가 만나기로 한 날은 겨울비가 내리는 데다 우산이 뒤집어질 정도로 바람이 강했다. 정오에 외출하는데 벌써 초저

녘의 느낌이 감돌았다. 중앙역에서 만난 그녀는 하이톤의 밝은 목소리로 인사를 건넸다. 뮌헨에서 듣는 예쁜 경상도 말씨가 이리 반갑고 정겨울 수가 없었다. 일시에 험상궂은 날씨의 기운이 사라지는 것 같았다. 영국식 티하우스에서 따뜻하게 몸을 녹이면서 끝날 줄 모르는 고국어 대화는 이어지고…….

"언니가 먹고 싶어 하는 것 같아서 구워 왔어요."

커다란 봉투에는 내가 좋아하는 카페 아란의 쿠키와 작은 한국 과자들, 그리고 내가 그렇게 남몰래 원해 온 그녀의 슈톨렌이 들어 있었다. 작은 리본으로 묶은 비닐 포장 안의 탐스러운 슈톨렌! 임신했을 땐 유난히 먹고 싶은 것도 많고 집착하는 음식도 많은데 '집에서 만든 슈톨렌'이 나에겐 그랬다.

티하우스에서 주문한 큰 조각 케이크를 앞에 두고도 나는 어서 빨리 슈톨렌을 자르고 싶기만 했는데……. 그렇게 H와 한나절 이상을 밖에서 보내고 집으로 들어왔더니 온몸이 노곤노곤했다. 겨울비에 얼었던 몸을 녹이려 바닐라 티를 우려내고, 그렇게 원하던 H의 슈톨렌을 한 조각 먹었다.

그건 고급 콘디토라이에서 누구나 먹을 수 있는 흔하고 자극적인 맛이 아니었다.

뭔가 작은 빈틈이 있는 맛.

그래서 더 맛보고 싶고 질리지 않는, 세상에 한 번뿐인 맛.

작센 시대에 만들었다던 옛적 슈톨렌이 바로 이런 담백한 맛이 아니었을까. 그녀의 슈톨렌이 우월한 이유를 수없이 늘어놓을 수 있지만, 나에겐 단 하나의 이유로도 충분했다.

바로 나만을 위한 슈톨렌이라는 것.

아기 예수를 싸고 있는 모습만큼이나 귀하고 소중한 나의 빵이여.

나의 밤에 고요하게 울려 퍼졌던 그 음악, 드뷔시의 〈달빛 (Claire de Lune)〉. 한밤에 차분하게 울려 퍼지는 그 피아노 선율은 내게 찾아온 고독과 낙심, 두려움이라는 반갑지 않은 감정들을 흡수하며 평온의 상태로 만들어 주곤 했다.

나에겐 두통약 한 알보다도 강한 치유력으로 다가오던 그 음악을 떠올리며 한 도시를 찾았다. 이탈리아의 베르가모(Bergamo).

달빛을 찾아간 그곳에서

베로나에서 밀라노로 향하던 중에 즉흥적으로 베르가모에 들르게 된 이유는, 드뷔시가 이 지역을 여행하면서 〈달빛〉을 작곡했다는 이야기를 듣고서였다. 늦가을 늦은 오후의 베르가모엔 비가 내리고 있었고, 하늘은 벌써 어두운 파란빛을 띠고 있었다. 120년 전에 드뷔시가 보았던 베르가모의 달빛을 보고 싶었는데, 그치지 않고 가늘게 내리는 빗방울이 영 반갑지 않았다. 비가 곧 그치기를 바라.

빗길을 걸으며 마음은 무거웠지만, 걸을수록 중세도시의 저녁 정취는 아름답게만 다가왔다. 물방울 맺힌 가을의 담쟁이 넝쿨, 긴 우산을 멋스럽게 들고 개와 함께 가는 할머니의 뒷모습, 물기를 머금고 은은히 퍼져 있는 초저녁의 가로

등…… 평일 저녁의 구시가지 거리는 여행자보다는 차가운 빗속으로 집에 돌아가기 바쁜 베르가모 사람들의 저녁 모습을 만날 수 있었다.

시내의 골목길은 저녁식사 거리를 사러 나온 아주머니들의 세상이었다. 장바구니를 든 여인들로 정육점과 치즈 가게, 식료품 가게들은 북적이고 있었는데 그중에서도 가장 분주한 곳은 빵집이었다.

빵집 유리창에 진열된 처음 보는 귀여운 노란 빵에 이끌려 나도 작은 소동의 현장으로 들어갔는데…… 유리창 밖에서 보던 빵집은 빵을 사고파는 맛있고 들뜬 그리고 따뜻한 공기가 가득한 곳이었다. 그런데 유리창 안의 그곳은 빵을 쟁취하기 위한 전쟁터! 알 수 없는 이탈리아어들과 손짓이 공중에 난무했고, 그 치열한 요구들을 처리하느라 빵집 여인은 지친 기색이 역력했다.

나는 이곳에서 과연 노란 빵을 얻을 수 있을까.

할머니와 두 개의 빵

둥글고 노란 빛깔의 빵 위엔 초콜릿 새가 앉아 있었다. 베르가모 골목길에서는 유난히 이 빵을 자주 만났다. 고운 빛깔의 그 빵은 'Polenta e Osei'라는 이름표를 달고 있었고, 나는 그 빵이 궁금하여 그 전쟁의 현장에서 떠날 수가 없었다.

작은 빵집 안에 도대체 몇 명의 사람들이 모여 있는지. 누군가는 빵을 달라 하고, 누군가는 계산을 해달라 하고, 누군가는 뭔가를 사달라며 우는 아이를 혼내고 있다. 그리고 남편은 베르가모 산 와인 병을 들었다 놓았다 했고, 나는 노란 빵 앞에서 안절부절못하며 서 있었다.

그때 누군가 뒤에서 내 어깨를 톡톡 건드렸다. 돌아보니 나보다 머리 하나는 작은 할머니가 서 계셨다. 할머니는 손짓으로 노란 빵을 가리키며 뭐라고 하셨는데, 알아듣지는 못했지만 "이 빵을 사고 싶은 거지?"라고 하시는 것 같아서 나는 고개를 끄덕였다. 그랬더니 할머니는 만족스럽게 본인의 고개도 끄덕이며 내 손을 잡고는 빵집 주인에게 가서는 이탈리아어로 이야기를 나누었다. 주인아주머니는 다시 나에게 확인을 하셨다. 그리하여 어여쁜 노란 빵 하나는 내 손에 들리게 되었다.

몇 년 전, 로마 테르미니역에서 출구를 잘못 알고 나와서 집시들이 많은 지역에서 헤맬 때 어떤 아주머니가 위험하다면서 내 손을 꼭 잡고 호텔까지 데려다주었던 이후로 나에게 이탈리아 아주머니들은 용감하고 정이 많은 이들로 각인되었다. 베르가모 빵집에서 잡은 할머니의 따뜻한 손은 그 생

각을 더 견고하게 만들었다. 고마움을 어떻게 표현할 수 없어 '그라찌에!'만 수십 번 반복했던 것 같다.

할머니도 뭔가를 사셨다. 큰 치즈 덩어리같이 생기기도 했고, 단단한 케이크같이 생기기도 한 그것의 이름은 'Panforte di Siena'였다. 할머니의 요구에 빵집 아주머니는 작은 덩어리로 잘라서 싸주었다. 할머니가 케이크에 대해 또 뭔가를 설명해 주셨지만 도저히 눈치로도 이해할 수 없어 난감해지면서도 더 알고 싶어지는 묘한 심리.

모르겠다, 맛이나 보자.

나도 할머니와 같은 케이크를 달라고 했더니, 할머니는 그게 기쁘셨던지 아니면 기특하게 보였는지 잘했다는 듯 내 등을 두드려 주셨다. 그렇게 함께 빵을 사고 나와 헤어졌다. 챠우챠우, 내일도 또 만날 것처럼 인사를 나누고.

한바탕 빵집의 시간이 흐르고 나니 그새 베르가모엔 더욱 짙은 어두움이 찾아왔다. 다행인 건 비가 그쳤다는 것이다. 두 가지 빵이 든 봉지를 들고 베르가모 골목을 돌고 또 돌았다. 그러다가 구시가지의 성벽 위에서 바라보는 신시가지의 저녁 풍경에 발을 멈췄다. 지평선에서부터 촘촘히 반짝이는 불빛들 위로 구름들이 서서히 도망치고 있었다. 이 푸르고 붉고 노란 밤에 달빛까지 쏟아진다면…… 나는 베르가모를 떠날 수 없을지도 모르겠다는 생각이 들었다.

베르가모의 맛 vs 시에나의 맛

밀라노의 호텔방엔 드뷔시의 달빛이 흐르고 있다. 결국 베르가모에서 드뷔시의 달빛을 보지 못한 채 우리는 밀라노로 왔다. 남편은 나의 아쉬움을 읽고 호텔에서 인터넷을 통해 드뷔시의 음악을 들려주었다. 그렇게 달빛이 흐르는 호텔방에서 나는 두 개의 빵이 들어 있는 봉지를 개봉했다.

베르가모에서 자주 마주쳤던, 나의 눈을 자극시켰던 그 노란 빵은 베르가모의 대표적인 빵이었다. 이름표에서 읽었던 '폴렌타 에 오세이(Polenta e Osei)'는 '폴렌타와 새들'이란 의미를 가지고 있다. '폴렌타(Polenta)'는 옥수수를 갈아 만든 이탈리아의 대표적인 식재료이고, '오세이(Osei)'는 '새'를 뜻하는 베르가모 지역의 방언이다.

이 지역에는 옥수수가 많이 나고 새 사냥도 많이 이루어져서, 옥수수로 만든 음식에 새를 잡아 구워서 먹는 일이 잦았다고 한다. 그래서 초콜릿 새로 장식한 노란 빵이 베르가모를

상징하는 디저트가 된 것이다. 이 폴렌타빵은 그 봉긋한 모양이나 노란빛만으로도 여심을 유혹하기에 충분해 보인다.

나는 호텔의 안락한 의자에 앉아서 새침하게 노란 빵을 한 입 베어 물었다. 옥수수 맛이 날 것이라는 기대는 여지없이 무너졌다. 그 황홀한 노란 빛깔은 살구잼이 둘러싸서 만든 것이었고, 빵 안은 크림으로 가득했다. '폴렌타'라는 이름 아래 은밀하게 숨어 있던 달콤함은 가벼운 두통까지 몰고 왔다.

그 지역에서만 나는 특색 있는 음식들은 다른 곳에서 먹어 보지 못할 것이라는 불안감을 안고 싶지 않아서 늘 먹어 보는데, 폴렌타빵도 먹어 보길 잘했다는 생각이 들었다. 안 그랬다면 가끔 그 노란 환상에 사로잡혔을 테니까.

이렇게 스스로를 위로한 후에 찾아온 감정은 엉뚱하게도 죄송함이었다. 폴렌타빵 앞에 절실한 모습으로 서 있던 한 이방인에게 따뜻한 손을 내밀고 빵을 안겨주었던 할머니가 떠올랐기 때문이다.

아, 그러고 보니 할머니가 고른 빵이 있었지.

두 번째 시험대에 오르기로 했다. 할머니가 이 빵에 대해 얘기해 주려고 했던 것이 무엇일까. 빵 봉지에 조심히 싸온 조각 케이크를 꺼냈다. 내 손에 끈적한 것이 와닿는 동시에, 남편이 마시던 와인향이 은은하게 퍼져 있던 호텔방은 일시에 강한 계피향의 습격을 받았다. 그것은 빵이라고 하기엔 비

교적 무겁고 견과류가 충실하게 박혀 있어 보기에도 밀도가 크게 느껴졌다.

판포르테 디 시에나(Panforte di Siena). 이름에 괜히 포르테(forte)가 들어간 것이 아닌 게 분명하다. 계피의 청량함, 아몬드의 고소함, 살구와 무화과의 달큰함, 그리고 어느 틈에 와 닿은 생강의 알싸함……. 쫀득쫀득한 케이크 한 조각을 씹는 사이에 이 모든 것들이 입 안에 머물다 사라졌다. 놀랍도록 눈코입의 감각을 강하게 조여오는 빵이라니.

그날 밤, 우리는 드뷔시의 달빛과 함께 강한 향신료에 취해 잠 속으로 깊이 빠져들었다. 몇 년 후, 시에나 여행에서 오랜만에 이 강한 빵과 재회했는데 시에나에서 시작된 빵이었다는 사실을 알게 되었다. 13세기부터 만들어 온 판포르테는 주재료인 계피와 후추같은 향신료나 약재들이 비쌌던 당시에는 귀족과 성직자들만이 향유할 수 있었다.

그 후 레시피가 여러 형태로 변화하면서, 후추 대신 바닐라 설탕을 넣거나 카카오를 첨가해서 조금은 부드러운 맛의 판포르테도 나타났다. 재료가 귀하고 강한 향과 맛을 지닌 것들이라서, 여인들은 전쟁터에 나가는 남편을 위해 기꺼이 판포르테를 만들어 주며 적으로부터 그리고 질병으로부터 강하게 견뎌 내길 바랐다고도 한다.

베르가모에서 이 빵을 들고 할머니가 들려주었던 이야기는 어떤 것이었을까. 시에나를 돌아다니면서 계속 눈에 들어오던 판포르테를 보며 갖가지 이야기를 만들어 보았던 기억이 난다. '아마도……'라는 수식어를 붙여 가면서.

p.s.

영화 〈트와일라잇〉에서 벨라와 에드워드가 드뷔시의 달빛에 춤을 춘다. 그 낭만적인 장면 내내 코끝에서는 판포르테의 계피향이 감돌았다. 그리고 문득 판포르테를 들고 흐뭇해하던 할머니가 떠올랐다.

나도 할머니처럼 황혼의 나이를 맞으면 그 맛을, 그리고 할머니의 이야기를 저절로 이해할 수 있지 않을까.

한 50년쯤 후, 나의 트와일라잇에 판포르테를 맛볼 수 있기를.

크리스마스 쿠키

바닐레키퍼

바닐레키퍼는 크리스마스 기간 동안 가장 사랑받는 쿠키인데도 만드는 방법은 쉽고 간단해서 직접 구워 먹는 가정이 많다고 한다. 특별한 베이킹 도구 없이도 금세 만들 수 있어서 가벼운 마음으로 만들고, 풍성하게 선물하는 기분도 느껴 볼 수 있다.

재료(50개 분량)

밀가루 350g
아몬드 가루 100g
무염버터 250g
파우더 설탕 100g
계란 1개
바닐라슈가 1팩
소금 약간

베이킹 후

파우더 설탕 60g
바닐라슈가 2팩

▶ 01 밀가루는 체에 잘 거르고, 차가운 버터는 작은 조각으로 자른다. 밀가루, 아몬드 가루, 파우더 설탕, 계란, 버터, 소금, 바닐라슈가를 볼에 넣고 잘 섞는다. 믹서기 없이 손으로 섞어도 손의 온기 덕분에 버터가 서서히 녹으면서 잘 섞이게 된다. 반죽은 1시간 30분 정도 덩어리 상태로 놓아둔다.

▶ 02 작은 반죽 덩어리를 손바닥으로 길게 비벼 만든 후에 5센티미터 정도로 잘라서 초승달 모양으로 살살 둥글게 만든다.

▶ 03 베이킹 트레이에 올려서 180도씩 오븐에서 8분 정도 굽는다.(쿠키 윗면이 옅은 갈색으로 변할 때까지)

▶ 04 구워진 쿠키는 바로 접시에 담아 파우더 설탕과 바닐라슈가를 뿌린다. 이때 꼭 쿠키 맛을 볼 것. 따뜻할 때가 가장 맛있다!

크리스마스 쿠키

슈피츠부벤

내 친구 게랄드가 가장 좋아하는 쿠키. 색이 고운 젤리가 보이고 파우더 설탕이 뿌려진 슈피츠부벤은 크리스마스에 가장 화사하고 예쁜 쿠키다.

별이나 하트 모양의 쿠키커터를 이용하면 더욱 로맨틱한 쿠키를 만들 수 있다.

독일에서는 슈피츠부벤을 만들 때 요하니스베어렌(Johannis-beeren)이라는 붉은 열매로 만든 젤리를 바른다. 이게 없을 경우, 모과로 만든 젤리를 사용해도 된다.

재료(55개 분량)

밀가루 350g
버터 250g
파우더 설탕 125g
바닐라슈가 2큰술
소금 약간
달걀 1개(흰자 위주)
젤리 200g

▶ 01 밀가루, 버터, 파우더 설탕, 바닐라슈가, 소금, 달걀을 넣고 잘 섞어 반죽한다. 반죽한 덩어리를 30분 정도 냉장고에 넣어 두었다가 꺼낸다. 밀대로 조심스럽게 반죽을 민 후, 쿠키커터를 이용해서 모양을 찍어 낸다. 쿠키 윗부분은 작은 쿠키커터로 가운데 부분을 찍어 내어 나중에 젤리가 드러나도록 한다.

▶ 02 베이킹 트레이에 찍어 낸 반죽이 찢어지지 않도록 조심스럽게 올려놓은 후, 그 상태로 시원한 곳에서 15분 정도 놓아 둔다.

▶ 03 200도씨로 예열된 오븐에서 6~8분 정도 구워 낸다. 금방 색이 갈색으로 변하기 때문에, 오븐을 주시하는 게 좋다.

▶ 04 구워 낸 쿠키를 식힌 후 아랫부분 쿠키에 젤리를 바르고, 가운데가 뚫린 윗부분 쿠키를 덮는다. 잼보다는 젤리 형태가 쿠키에 발랐을 때 투명하고 윤기가 난다.

파우더 설탕을 위에 살살 뿌려서 눈이 온 듯 예쁜 슈피츠부벤을 완성한다.

Chapter 4.

그날은
특별합니다

특별한 날의 빵

PANETTONE
PANDORO
LEBKUCHEN

크리스마스의 맛있는 장면들

파네토네(이탈리아 우디네), 판도로(이탈리아 베로나), 렙쿠흔(독일 아우크스부르크)

Italy Germany

"크리스마스가 지나면 정말 다이어트 시작이야. 지금은 그냥 즐길래!"

뮌헨의 한 크리스마스 시장에서 바닐라 소스에 담프누델른(Dampfnudeln) 빵을 푹 적셔 먹으며 친구 헬레나가 한 말이다. 그 옆에서 나는 방금 화덕에서 구워 나온 슈바벤 지방의 얇은 피자인 플람쿠흔(Flamkuchen)을 호호 불면서 먹으며 고개를 끄덕여 공감했다.

아마 우리 주위에서 뭔가를 오물거리며 신나게 먹는 이들은 모두 같은 생각을 했을 것이다. 크리스마스가 시작되기 한 달 전에 들어서는 크리스마스 시장에는 그냥 지나칠 수 없는 먹거리가 가득하기 때문이다. 그릴에서 바로 구워 먹는 소시지빵, 따뜻하게 끓인 향기로운 글뤼바인, 오독오독 씹으며 돌아다니기 좋은 구운 아몬드.

이 기간에는 퇴근하는 남편을 크리스마스 시장에서 만나 갖가지 즉석 음식들을 먹으며 저녁을 해결하고, 매일매일 크리스마스 분위기에 젖어 집으로 돌아갔었다.

내가 유난히 좋아했던 시장의 음식은 대부분 빵 종류였다. 헬레나가 맛있다며 알려주었던 바닐라 소스를 부어 먹는 담프누델른, 추운 밤에 유독 맛있는 누텔라 바른 크레페(Crepe), 그리고 체코에서 날아온 빵인 뜨레들로(Trdlo).

프라하 구시가 광장에서 보았던 푸른 불빛이 흐르던 크리스마스 트리는 내가 본 것 중 가장 아름다운 트리였는데, 그 트리를 떠올리면 자연스레 그 아래서 먹었던 뜨레들로가 떠오른다.

나무방망이에 돌돌 말아서 바로 구워낸 뜨레들로에 시나몬 설탕을 뿌려 먹으면, 얼었던 손도 녹고 달콤한 설탕과 끈끈한 탄수화물의 조화가 기분까지 훈훈하게 만져 준다. 프라하에 가면 잊지 않고 찾아먹는 빵이지만, 크리스마스 시즌에 바로 구워 낸 뜨레들로 먹는 맛은 계절과 분위기가 입혀져 더욱 별미로 느껴진다.

크리스마스에는 시장 덕분에 스스로 맛있는 시간들을 만들어 가기도 했지만, 누군가로 인해 특별한 맛을 경험했던 적이 많다. 트리의 오너먼트들처럼 주렁주렁 내 기억에 매달려 있는 나의 크리스마스 장면들…… 그곳엔 빵과 사람들이 있었다.

이탈리아에서 날아온 나탈레 빵님

"구겔호프랑 닮은 빵이 이곳에도 있어요."

알자스에서 맛본 구겔호프에 대해 얘기했더니 J씨는 이렇게 대답했다. 그 후 그녀가 말한 구겔호프를 닮은 빵은 며칠 후에 우리집에 배달되었다. 이렇게 말하면 뭐가 특별할까 싶다. 그러나 문맥에 숨어 있는 의미를 드러내 보면······.

구겔호프 닮은 빵 = 파네토네(Panettone)
그녀가 말한 이곳 = 이탈리아 우디네
며칠 후 = 크리스마스 3일 전
우리집 = 독일 베를린
그녀 J씨 = 얼굴도 나이도 직업도 모르는 여인
배달되었다 = 선물받았다

나는 이탈리아 우디네에 사는 한 번도 본 적이 없는 그녀에게서 크리스마스 무렵에 파네토네라는 이탈리아 빵을 선물받은 것이다. 얼굴도 모르는 사람에게서 선물받은 것도 이탈리아의 크리스마스 빵을 보는 것도 처음이었다. 아직도 빵 상자를 받아든 채 기쁘고 어리둥절했던 그때의 기분을 잊을 수가 없다.

유럽 축구에 대한 얘기나 - 그녀는 유벤투스 팬 - 타국에 나와 살면서 느끼는 잔감정들을 서로 공감하는 사이, 그 이상도 아니었던 우리의 고정된 관계의 선이 흔들린 것도 그때였다. 그녀는 내 얘기들을 그냥 듣기만 했던 것이 아니라 기억해 주었고, 나의 호기심을 행동으로 충족시켜 준 것이다.

세상엔 이런 관계도 이런 나눔도 있나 보다. 나는 그녀가 보내준 이탈리아의 크리스마스 빵인 파네토네를 '빵님'이라 불렀다. 마음이 통하는 소중한 분에게서 받은, 그리고 멀쩡한 모습으로 신선하게 국경을 넘어온 빵이기에.

크리스마스 분위기에 어울리게 빵님은 반짝거리는 빨간 포장지를 입고 있었다. 덩치는 컸고 모양은 둥글었다. 구겔호프의 모양과는 닮지 않았지만, 빵님을 한입 베어 먹어 보니 닮은 구석이 느껴졌다. 포실포실한 느낌과 고소한 맛. 빵이 뜯겨지는 결의 모습과 지루하지 않게 빵 속살에 박혀 있는 건포도까지. 구겔호프를 먹어 본 적이 없다면서 파네토네와 비슷할 거라고 했던 J씨의 예감은 틀리지 않았다.

크리스마스 카드를 통해서는 '이탈리아의 크리스마스를 나탈레(Natale)라고 부르며, 파네토네는 나탈레에 먹는 빵'이라고 얘기해 주었다. 나중에 알게 된 것인데, 값비싼 국제 속달 우편행을 타고 온 빵님은 크리스마스 시즌엔 독일 슈퍼에서도 흔하게 볼 수 있는 빵이었다. 유럽에서는 워낙 유명한 빵이어서 슈퍼나 백화점에서는 줄로 된 손잡이가 달린 커다란 케이크 상자를 쌓아 놓고 있었는데, 그걸 집어 드는 사람들을 보며 나는 작은 우월감을 맛보았다.

나는 당신들과 다른 빵님을 집에 모시고 있어요. 나의 빵님은 직접 우디네에서 날아왔다구요!

파네토네는 이탈리아 밀라노를 상징하는 빵이다. 원형이나 팔각형 모양으로 만들며, 오랜 발효 시간을 거쳐서 레몬이나 오렌지, 건포도 등의 건과일을 넣어 만들어 화려한 향을 자랑한다. 파네토네는 이탈리아에서 '판 디 토니(pan di Toni)'라고도 불리는데, '토니의 빵'이라는 뜻이다.

밀라노 한 귀족의 아들은 가난한 제빵사의 딸을 사랑하게 되고 그녀를 돕기 위해 제빵사로 변장하여 버터, 달걀, 효모, 건과일이 든 풍부한 맛의 빵을 발명하게 된다. 그 제빵사의 이름이 토니였고, 그 후 여러 사람들의 사랑을 받는 빵으로 유명해진 파네토네는 '토니의 빵'으로 불리게 되었다.

한낱 전설로 내려오는 이야기지만, 파네토네가 아름다운 마음이 담긴 빵으로 여겨지는 것은 사실인 것 같다.

파네토네 혹은 토니의 빵.

그리고 나에게는 '이탈리아에서 온 나탈레 빵님'.

J씨, 언젠가 나를 꼭 만나 주세요. 그땐 파네토네를 함께 먹으면서 축구얘기 나누고 싶습니다.

판도로에 눈이 내리면

이탈리아의 나탈레 빵은 파네토네만은 아니었다. 파네토네

가 밀라노의 빵이라면, 베로나에는 판도로(Pandoro)라는 전통적인 나탈레 빵이 있다. 프랑스의 브리오슈를 판도로의 조상격이라고 보는데, 그래서인지 브리오슈처럼 부드럽고 달콤하다. 파네토네가 건과일의 향기가 입 안에서 흩어지는 데 반해, 판도로는 꿀과 설탕의 달콤한 공격이 은은하게 몰아친다.

오래전 귀족들의 향유물이었던 꿀이나 설탕이 많이 들어간 빵이라 '황금의 빵'이라는 뜻의 판도로라 불리게 되었다고 한다. 향신료 거래가 활발했던 베네치아 왕국의 지배 아래에 있었던 베로나에서 판도로를 만들기 시작한 것도 이런 연유에서다.

판도로의 베로나. 내가 이탈리아에서 가장 사랑하는 도시이기도 하다. 뮌헨에서 남쪽으로 내려가 알프스를 넘어가면 비교적 가까운 거리에서 만날 수 있는 이탈리아의 도시이기도 해서 자주 들렀었다.

첫 번째 방문에서는 길이 낯설어 주차할 곳을 찾아 아디제 강가를 빙빙 돌다 보니, 축구 유니폼을 입고 돌아다니는 사람들 무리를 자주 마주쳤다. 축구를 좋아하는 남편은 그 유니폼이 키에보 베로나 팀의 것이라고 하며 아마 그날 경기가 있는 것 같다고 했다.

키에보의 팬들은 그 후 작은 빵집에서도 마주쳤는데 경기 전부터 벌써 상기된 얼굴로 한 남자가 우리에게 다가왔다. 어느 나라나 축구팬들은 오지랖이 넓다. 그는 빨간색 빵상자를 들고는 흥분된 목소리로 말을 걸었다.

"헤이, 이 빵이 뭔지 알아? 바로 지금의 키에보를 만든 빵이라구."

이탈리아 억양의 영어라 무슨 말인지 알아듣는 것도 쉽지 않았고, 키에보의 빵이라는 건 더더욱 이해하기 어려웠다. 그 빨간 빵상자에는 '팔루아니(Paluani)'라고 쓰여 있었고, 하얀 눈이 내린 예쁜 빵이 그려져 있었다. 그 남자가 전하려던 말이 무엇이었는지 알고 싶었지만 그 빵집 안에는 영어를 할 수 있는 이가 없었다.

시간이 흐른 후에 베를린의 크리스마스 때 그 빨간 상자의 팔루아니 빵을 다시 만날 수 있었다. 축구를 좋아하는 이탈리아 친구 까르멜로에게 팔루아니 빵과 키에보 베로나 팀이 무슨 관계가 있냐는 질문을 해보았다. 물어보는 나조차도 이상한 질문이어서 과연 답이 나올까 했는데, 까르멜로는 명쾌하게 대답해 주었다.

키에보 베로나 팀은 이탈리아 명품빵 브랜드로 유명한 팔루아니가 구단주라는 것이다. 1921년에 개업한 베로나의 작은 빵집은 판도로라는 빵을 만들어 팔았고, 그 빵집을 인수한 루이지 캄피델리는 그 후 팔루아니라는 큰 제과회사로 키웠다. 그 캄피델리가가 베로나의 축구팀을 인수했던 것. 키에보 베로나 축구팬들에게 빨간 상자의 판도로 빵이 의미 있던 이유가 여기에 있었다.

그 빨간 상자의 비밀이 풀린 후, 축구를 좋아하는 우리 부부는 그 빵의 맛이 더 궁금해졌다. 그러나 베로나 현지에서는 그 맛을 볼 기회를 갖지 못했다.

베로나에서 판도로를 먹으면 한겨울 나탈레의 기분을 제대로 느껴 볼 수 있었을까.

그런데 곰곰히 생각해 보니, 나에겐 크리스마스의 판도로 추억은 이미 고운 빛깔로 간직되어 있었다. 베로나라는 도시에 가보기도 전이며, 판도로가 이탈리아 나탈레의 빵이라는 걸 알기도 전에 나는 판도로의 맛을 경험했던 것이다.

베를린의 유명한 젤라또 카페에서였다. 크리스마스를 맞아 서울에서 온 막내동생과 젤라또를 먹으러 갔는데 크리스마스 시즌 메뉴가 새로 나왔던 것. 캐롤이 흐르고 곧 눈이 내릴 것 같은 천장의 크리스마스 장식 아래에서 동생과 나는 그 크리스마스 빵을 본 순간 황홀경에 빠졌더랬다.

별 모양으로 잘린 판도로에는 이미 하얀 눈이 내려 있었고, 바닐라맛의 젤라또가 동글동글 앙증맞게 동행해 있었다.

판도로…… 넌 사랑스러운 막내동생과 참 많이도 닮았고, 눈 내린 너의 모습은 화이트 크리스마스 그 자체로구나.

산처럼 우뚝 선 황금빵에 슈가파우더를 듬뿍 뿌렸더니, 하얀 눈이 소복하게 내린 알프스 산이 떠오른다. 언젠가 알프스를 넘어 베로나의 나탈레에서 눈 내린 판도로의 맛을 볼 수 있기를.

여섯 남녀, 쿠키 만드는 밤

'Cookies'라는 제목으로 이메일이 날아왔다.

독일인 친구 게랄드로부터.

제목만으로도 달콤한 그의 메일은 크리스마스에 함께 독일 전통 쿠키들을 만들자는 초대의 글이었다. 크리스마스에 쿠키를 만든다는 것. 어려서부터 그림책에서 영화에서 흔하게 보았으나 정작 실제로 경험해 보지 못한 크리스마스의 로망 중 하나다.

독일에서의 첫해 크리스마스에 쿠키를 만들기는 했었다. 그 시즌에 슈퍼에서 파는 인스턴트 쿠키반죽을 샀고, 자르고 굽는 데 20분도 안 걸렸던 기억이 난다. 너무 쉬운 나머지 대량 생산을 초래해 그 후유증으로 며칠 동안 쿠키를 먹었고,

결국에는 휴지통에 쏟아 부어야만 했다. 쿠키 만들기 추억담치고는 결코 흥이 나지 않는다.

그러니 게랄드의 메일을 받은 나는 오랫동안 품었던 크리스마스의 로망을 곧 실현할 수 있을 거라는 기대로 가득했다.

그날. 역시 삼총사 커플이 게랄드네 집에 모였다. 우리 부부, 루카와 페데리카, 그리고 그날의 호스트인 게랄드와 크리시. 크리시의 주방에는 이미 밀가루와 설탕, 버터, 각종 향신료들이 싱크대 한쪽을 가득 채우고 있었다.

꼼꼼한 크리시는 종이에 적힌 쿠키 레시피를 세심하게 설명해 주었다. 이탈리아인과 한국인 부부는 독일인 부부의 빈틈없는 쿠키 강습을 경청했다. 앞으로 우리가 만들 쿠키는 세 종류인데, 렙쿠흔(Lebkuchen), 바닐레키퍼(Vanillekipfer), 그리고 슈피츠부벤(Spitzbuben)이라고 했다.

모두 처음 들어 보는 쿠키 이름이지만, 그중에서도 내 귀에 번쩍 들어온 이름, 바로 렙쿠흔!

어머니가 손수 만드신 새 잠옷, 모직 양말 두 켤레, 위에 초콜릿을 끼얹은 렙쿠흔 한 봉지, 남태평양에 관한 흥미진진

한 이야기책 한 권, 스케치북, 그리고 가장 마음에 들었던 고급 색연필 한 상자가.

마르틴은 너무나 감격해서 부모님에게 입을 맞추었다.

- 에리히 캐스트너 〈하늘을 나는 교실〉 중에서

내가 너무 좋아하는 독일작가 에리히 캐스트너. 독일로 오기 전에 읽었던 그의 소설 한 대목에서 나는 물음표를 띄웠었다. '가여운 마르틴이 드디어 선물을 받았구나' 하면서 덩달아 나도 신이 났었는데, 선물에 등장한 렙쿠흔이 나의 궁금증을 건들인 것이다.

내가 외국소설을 좋아하는 이유가 이렇게 내가 모르는 세상이 존재한다는 것이다. 그 미지의 대상을 알아가는 즐거움. 그것을 언젠가 직접 만나고 경험해 보겠다는 구름 같은 계획.

렙쿠흔도 그랬다. 독일쿠키라는 것을 알고 독일에 가면 꼭 맛을 보고야 말겠다던 그때의 설렘을 되살려 준 건 나의 독일인 친구들이었다. 크리시의 진두지휘 하에 힘이 좋은 남자들은 렙쿠흔에 들어갈 레몬과 오렌지 필을 잘게 썰거나, 슈피츠부벤을 위해 반죽을 밀대로 밀었다. 여자들은 바닐레키퍼를 위한 아몬드 반죽으로 작고 예쁜 초승달 모양을 만들기에 분주했다.

바닐레키퍼나 슈피츠부벤은 비교적 재료도 간단하고, 굽

고 나서 슈가파우더를 뿌리거나 젤리를 바르는 수고만 들이면 쉽게 완성했다. 그에 비해 크리시가 정성을 들였던 렙쿠흔은 시나몬, 넛맥, 카다몬, 생강, 꿀 등의 향신료와 아몬드 그리고 헤이즐넛 가루가 들어가는 엘리젠렙쿠흔(Elisenlebkuchen)이라 그 비율을 맞추고 섞는 것부터 까다로웠다.

다른 렙쿠흔과는 달리 밀가루는 거의 들어가지 않는 스타일이라 무척 고급스러운 과자로 여겨졌으며, 양봉을 하던 독일 프랑켄 지방의 수도원에서 시작되었다고 한다. 그래서 프랑켄 지방의 뉘른베르크에는 엘리젠렙쿠흔으로 유명한 렙쿠흔 슈미트라는 상점이 있기도 하다.

크리시의 엘리젠렙쿠흔에는 밀가루가 전혀 들어가지 않았다. 우리는 견과류 가루와 여러 향신료를 섞으며 그 알싸한 향기에 휩싸여 벌써 쿠키 몇 개는 집어먹은 듯 취해 버렸다.

그날 밤, 우리는 저녁식사도 하기 전에 갓 구운 쿠키를 맛보면서 이른 디저트 타임을 즐겼다. 그 달콤한 합작품들은 크리시가 모두 나누어 쿠키통에 담아 싸주었고, 자정 무렵 우리는 쿠키통을 흔들며 기차에 올랐다. 옆자리에 앉은 여인이 내 옆에 놓인 쿠키통을 바라보며 말을 건넸다.

"어머, 크리스마스 쿠키들이네요. 산 것 같지는 않은데 정말 푸짐하네요!"

나는 으쓱한 기분으로 친구가 싸준 거라고 대답했다. 그리

고 그 밤에 홀로 기차 창에 기대고 있던 그 여인에게 크리스마스 쿠키를 맛보게 해주었다. 루카와 페데리카 그리고 남편과 함께 우리 넷은 뮌헨으로 가는 기차 안에서 달콤한 쿠키를 나눠 먹으며 몇 시간 전의 훈훈했던 쿠키클래스를 떠올렸다.

차창 밖으로 한 장면이 지나간다.

차가운 버터를 녹이려고 따뜻한 라디에이터 위에 올려놓고 둘러서서 이야기를 나누며 웃는 여섯 남녀가 보인다.

그 나른하고도 한없이 편안했던 순간을 어느 크리스마스에 다시 만날 수 있을까.

내 친구의 웨딩케이크

토르타 비앙카(이탈리아 페루자), 쇼콜라덴 토르테(독일 뮌헨)

이탈리아에서

까르멜로와 루칠라의 결혼식은 그들의 고향인 이탈리아 페루자에서 열렸다. 독일맥주가 그립다는 까르멜로의 얘기에 우리는 자동차에 그가 좋아하는 에르딩어 맥주를 가득 싣고 독일 베를린에서 장장 15시간을 운전하여 페루자에 도착했다.

깜깜한 밤에 도착한 호텔엔 이미 결혼식 손님들로 북적였다. 쾌활한 이탈리아인답게 모두들 멀리 독일에서 온 동양인 하객을 먼저 알아봐 주고 인사를 걸어왔다.

다음 날 아침, 모두들 까르멜로의 누나 집에서 모여 말쑥하게 잘 차려입은 신랑의 모습에 환호성을 보내고, 그의 차를 선두로 하여 다들 하얀 리본을 차에 달고 함께 성당으로 향했다.

차창 너머로 보이는 넓은 농장 사이로 옅은 살구색의 낮은 벽돌집과 장난스럽게 솟은 측백나무들. 전날 밤에 도착해서 몰랐던 이탈리아 중부의 전원풍경이 눈에 들어왔는데, 그 모습이 너무 평화롭고 그림같아서 보는 것만으로도 전날의 장시간 운전이 가져다준 피곤이 그냥 달아나는 듯했다.

단정한 외부의 모습과는 달리 성당의 내부는 천장화와 클래식한 파이프오르간, 금빛 벽장식으로 화려한 분위기를 풍겼다. 신부 루칠라가 오길 기다리는 까르멜로의 얼굴에서는 미소가 떠나지 않았다. 곧이어 신부가 탄 자동차가 성당 앞에 도착했고 하객들은 일제히 환호성을 질렀다. 신랑은 어머니의 손을 잡고 성당으로 들어섰고, 신부는 아버지와 함께 신랑에게 향했다.

성당결혼식은 모두 이탈리아어로 진행되었지만 전혀 지루하지 않았다. 편안한 찬송가에 빠져 있다가 예술작품같은 천장화를 한참 쳐다보기도 하고, 진심 어린 사랑 가득한 눈빛을 나누는 신랑신부를 바라보며 '나도 저런 모습이었을까' 하고 흐뭇하게 바라보기도 하면서…….

1시간 정도의 결혼식이 끝나면, 그동안 어떻게 참았을까 신기하리만큼 신랑신부와 하객들은 저마다 시끄러운 이탈리아어로 축하의 말들을 나눈다. 성당 밖의 뜰은 알아들을 수 없는 그러나 신나는 이탈리아어가 둥둥 떠다니고, 여기저기서 쪽쪽 소리가 들릴 정도로 요란한 볼키스로 인사를 나누며 하객들은 서로 친해져 간다.

재밌는 건 신랑신부에게 하얀 쌀을 뿌리는데, 다산과 부를 기원하는 의미가 담긴 것이란다. 신랑 친구들을 까르멜로를 번쩍 들어 헹가래를 친다. 신랑은 번쩍번쩍 솟아오른다. 세상에서 가장 아름다운 파란 하늘 속으로.

까르멜로와 루칠라, 아우구리(Auguri. 축하해요)!

루칠라의 토르타 비앙카

다시 하얀 리본을 단 차량들이 줄을 지어 이동을 한다. 피로연이 열리는 레스토랑으로 가기 위해서다. 한 곳에서 모든 것을 함께하는 우리네 결혼식과는 다른 모습이다. 시골길 끝에 테라스와 풀장까지 함께 있는 낭만적이고 고급스러운 레스토랑이 나타났다. 이름 모를 이탈리아 영화를 계속 찍고 있는 듯한 착각은 계속되었다.

하객들은 넥타이도 느슨하게 풀고 걸쳤던 숄도 내린 채 어깨를 시원하게 드러내고 저마다 편안한 모습으로 테라스에서 아페르티보(Apertivo, 식전음식)를 즐긴다. 연어 올린 빵과 치즈, 그리고 색색의 식전주들을 가볍게 먹으며 피로연의 시작을 연다.

각자의 테이블 위치를 확인하고 피로연장으로 들어가 앉았는데, 우리는 까르멜로의 대학교 친구들과 함께 자리 배정이 되어 있었다. 이탈리아인 특유의 붙임성 있는 태도와 허물없는 친구들 사이에서 자연스럽게 흘러나오는 장난기 덕분에 우리의 테이블은 조용할 새가 없었다.

안티파스토(Antipasto, 전채음식)부터 두 가지의 프리미 피아티(Primi Piatti, 파스타 종류의 첫 번째 코스음식), 역시 두 가지의 세콘디 피아

티(Secondi Piatti, 고기나 해산물의 메인음식), 돌체(Dolce, 달콤한 디저트)와 푸루타(Frutta, 과일), 카페(Caffe, 에스프레소 커피) 등의 코스는 장장 3시간여에 걸쳐서 서빙되었다.

음식의 종류도 양도 많아서 먹고 쉬고를 반복한다. 그사이 신랑신부는 피로연장을 돌면서 하객들과 인사도 나누고 밴드의 음악에 맞춰서 노래도 부르고 정원을 돌면서 사진도 찍는다. 맛있고 흥겹고 떠들썩한 일들이 해가 질 때까지 멈출 기미를 보이지 않는다.

말로만 듣던 이탈리아인들의 와인 즐기는 모습도 바로 내 눈 앞에서 보았다. 와인잔이 출렁이도록 붓고 벌컥벌컥 들이마시고 신나게 쨍하고 글라스를 부딪히고. 새침하게 와인글라스를 입에 대고 한 모금 마시는 그런 건 정말 다른 나라 얘기였다.

이 많은 맛있는 과정 중에 건장한 두 명의 웨이터가 힘겹게 들고 들어온 것이 있었다. 내가 가장 놀라고 신나했던 순간이기도 하다. 바로 웨딩케이크가 등장한 것이다. 그건 8명이 앉은 우리 테이블보다도 더 커 보였다. 게다가 4단 케이크였다!

그 거대한 4단의 둥글고 하얀 케이크는 보는 이들 모두의 입에서 탄성을 자아내게 했다. 나의 우리나라 결혼식 경험에 비추어 봤을 때, 저 고혹적인 검붉은 장미가 놓인 맨 위의 케

이크만 진짜 빵으로 된 케이크이고 나머지는 모형일 것이라는 데 나는 의심치 않았다. 신랑신부가 웨딩케이크를 자르고 어서 케이크가 서빙되길 기다렸다.

나는 우리 테이블의 한 여인에게 "저 4단 케이크가 다 케이크일까요?" 하고 물어봤는데, 그녀는 단호하게 "그럼요! 모두 케이크예요"라고 대답하는 것이 아닌가. 정말 얼마 후에 웨이터들은 조각조각 자른 4단의 케이크를 다시 내왔고, 접시에 조심스럽게 담아 주었다. 그 맛은 정말 어려서 먹었던 제과점에서 만든 하얀 버터크림의 느끼하고 달짝지근한 촌스러운 케이크의 향수를 불러 일으켰다.

루칠라의 거대한 토르타 비앙카(Torta Bianca, 하얀 케이크)는 시원시원한 그녀의 마음처럼 넓고 컸으며, 둥글게 말린 금발의 머리만큼이나 귀엽고 사랑스러운 맛이었다.

이탈리아에서 루칠라의 웨딩케이크는 5년이 지난 지금도 생생히 그 모양과 맛을 떠올릴 수 있는데…… 나의 웨딩케이크는 기억이 나지 않는다. 피로연에서 남편과 함께 케이크를 자른 건 확실한데 도무지 어떤 종류였는지 맛이었는지 생각이 나지 않는다.

슬픔으로 만든 웨딩케이크를 먹고 하객들의 속이 뒤집어졌다는 라우라 에스키벨의 소설 〈달콤쌉싸름한 초콜릿〉에 나오는 차벨라 웨딩케이크 같은 씁쓸한 기억은 아니더라도, 뭔가 내 결혼식의 케이크에 대한 작은 추억 하나는 남았을 법한데. 나의 웨딩케이크의 존재감은 그저 10초간의 이벤트를 위해서였던 건가. 조금은 서글퍼지려고도 한다.

웨딩케이크가 시작된 건 로마시대로 거슬러 올라간다고 한다. 로마인들은 밀을 다산과 풍요의 상징으로 여겼다. 그래서 결혼식이 끝난 후에 밀이 주재료인 웨딩케이크를 부숴 신부의 머리 위에 뿌리며 아이를 많이 낳고 풍요롭게 살기를 기원했다고 한다.

이런 역사적 맥락으로 볼 때 우리나라에는 폐백이라는 과정에서 비슷한 의미를 찾을 수 있을 것 같다. 비슷한 바람을 실어 밤이나 대추를 던지는 걸 보면 말이다. 의미론적인 측면에서 나는 폐백을 했기 때문에, 내 웨딩케이크가 생각나지 않더라도 슬퍼하지 않기로 했다.

그리고 웨딩케이크에서 중요한 건 미적인 요소도 있지만, 신랑신부가 함께 케이크를 자르며 손님에게 나누어 주는 첫 공동작업이라는 것에 있다. 앞으로 평생을 함께할 두 사람이 처음으로 '부부'라는 이름 아래 행한 일. 그래서 영국에서는

이날 자른 웨딩케이크 한 조각을 냉동실에 보관했다가 1년 후 기념일에 꺼내 먹으며 사랑해서 결혼했던 초심을 다시 되살려 본다고 한다.

이쯤 되면 웨딩케이크가 단순히 아름다운 결혼식의 예술작품일 뿐만이 아니라, 둘을 하나로 묶어 주는 중요한 장치인 셈이다. 웨딩케이크를 자르는 순간이 얼마나 성스럽고 소중한 순간인지.

까르멜로와 루칠라는 그 의미를 알았던 것일까. 그들의 웨딩케이크를 자르던 그 아름답고 사랑이 충만했던 키스의 순간을 난 잊을 수가 없다.

독일에서

청명한 한여름의 개운함이 느껴지던 날. 뮌헨 근교의 성당에서 게랄드와 크리시의 결혼식이 있었다. 숲 속에 숨어 있는 듯한 작고 하얀 성당에서 신랑신부의 모습으로 만난 게랄드와 크리시는 또 다른 느낌이었다. 평소에 캐주얼한 차림으로만 만났던 그들이 이렇게나 우아하고 아름다운 선남선녀였다니. 웨딩드레스를 입은 늘씬한 크리시는 그리스 여신같았다.

하얀색 아치형 기둥과 중세벽화로 꾸며진 성당 안에서 결혼식이 끝난 후, 성당 뒤뜰에서는 작은 이벤트가 열렸다. 물론 독일에서도 신랑신부에게 흰쌀을 뿌려서 다산과 풍요를 기원하는데, 이 성당에서는 쌀 뿌리는 것이 허락되지 않아서 대신 향기로운 라벤더를 뿌리며 그들의 앞날을 축복했다.

간단한 과일과 젝트(Sekt, 독일의 스파클링와인)를 마시면서 하객들은 서로 인사를 나누고 숲 속의 싱그러운 결혼식 기분을 만끽했다. 이때 내 생애 가장 잊을 수 없는 한 장면을 만들었는데…… 바로 풍선 날리기.

크리시의 가족들은 게랄드와 크리시의 주소가 적힌 작은 엽서를 하객에게 나누어 주었다. 그곳에 신랑신부에게 하고 싶은 말을 써달라고 했고, 하트 모양의 풍선에 매달도록 했다. 풍선 모양만큼이나 사랑스러운 메시지를 담은 풍선을 각자 손에 쥐고 동시에 파란 하늘로 날려보내던 그 순간. 그 장면이 얼마나 꿈처럼 비현실적이었는지 모른다.

하늘을 바라보는 사람들은 모두 웃고 있고, 풍선은 리듬을 타고 하늘의 여기저기로 솟아올랐다. 여기저기서 환호성이 터졌고 아이들은 풀밭 위를 폴짝폴짝 뛰었다. 함께 엽서를 날

리던 모습은 진짜 엽서에서나 볼 수 있었던 풍경. 어딘가에서 친절한 누군가가 그 풍선을 주워 엽서를 보고 우체통에 넣으면, 사랑의 메시지는 신랑신부에게 전해지게 된다.

우리는 나중에 한국에서 함께 여행을 다니면 좋겠다는 바람을 실어 보냈는데, 정말 1년 후에 그 바람은 이루어졌다. (얼마나 행복했었는지…….)

크리시의 쇼콜라덴 토르테

독일에서도 성당에서 레스토랑으로 피로연을 하기 위해 하객들이 일시에 하얀 리본을 차에 달고 이동을 한다. 남부독일 특유의 비어가르텐(Biergarten, 맥주를 즐기는 야외정원)과 고급 레스토랑의 분위기가 적절하게 섞여 있는 한적한 언덕 아래의 피로연장엔 한낮의 햇살이 뜨거웠다.

이미 가르텐 테이블에는 세팅이 되어 있었고, 한가운데에는 4단 트레이에 웨딩케이크가 달콤한 빛깔로 신랑신부를 기다리고 있었다.

크리시의 웨딩케이크는 쇼콜라덴 토르테(Schokoladentorte).

어쩜, 내가 좋아하는 초콜릿 케이크라니!

나는 웨딩케이크 가까이에 자리를 잡고 앉아 황홀하게 관찰했다. 각 트레이마다 하얀 도일리페이퍼에 묵직하게 담긴 초콜릿 케이크에는 크리시가 좋아하는 요하니스베어와 딸기, 그리고 붉은 장미꽃잎으로 장식되어 있었다.

꽃에게는 잔인하지만, 나는 붉은 장미꽃의 송이보다는 한 장씩 떨어진 꽃잎을 좋아한다. 과하지 않은 데코레이션과 반들반들한 초콜릿 케이크를 보면서 혼자 슬그머니 웃었다. 아마도 크리시를 위해 내가 웨딩케이크를 만들었어도 비슷했을 거라고 생각하면서.

그들이 손을 잡고 영화배우처럼 계단을 걸어 올라왔다. 크리시가 만족스러운 듯 웨딩케이크를 바라보며 미소 지었다. 하객들의 축하의 박수 속에서 케이크를 잘라 정성스럽게 접시에 담고 진하게 키스를 나누었다. 접시에 떨어진 초콜릿 조각을 손가락에 묻혀 맛보는 크리시의 장난스러운 표정이 얼마나 사랑스러웠는지! 게랄드는 그 순간을 놓치지 말았어야 했는데.

겉으로는 알 수 없었던 크리시의 4단 웨딩케이크에는 비밀이 있었다. 그들이 자르던 맨 위의 케이크는 전형적인 바이에른 지방 스타일의 프린츠레겐텐 토르테(Prinzregententorte)였고, 아랫단들은 잼과 크림이 함께 들어간 자허 토르테와 비슷한 케이크였다.

따사로운 볕을 쬐면서 큼직한 초콜릿 케이크 한 조각씩 들

고 달달한 기분에 취하기도 하고, 누군가는 벌써부터 1리터 맥주잔을 들고 노래를 부르기도 하고…… 피로연이 시작되기도 전에 저마다 행복한 기분에 젖어들었다.

크리시의 피로연에는 웨딩케이크 말고도 디저트로 여러 종류의 케이크가 준비되었는데, 레스토랑에서 만든 것이 아니라 신랑신부의 가족이나 친구들이 직접 만들어 온 것들이었다.

피로연장에 오면서 둥근 케이크박스를 들고 온 사람들을 여럿 보았었는데, 그들이 홈메이드 디저트 케이크들을 가져온 것이다. 블랙체리 토르테, 사과 토르테, 산딸기크림 토르테 등 독일인들의 사랑을 받는 케이크들이 디저트 테이블을 가득 메웠다.

피로연은 신랑신부의 경쾌한 왈츠로 시작해서 독일식 코스요리를 즐기며 친구들이 만드는 즐거운 이벤트들로 배를 잡고 웃으면서 자정 넘어 새벽까지 지속되었다.

다음 날, 레스토랑 옆의 호텔에서 잠을 잔 우리는 신랑신부와 아침식사를 나눈 후 피로연장을 정리하는데…….

"현정, 초콜릿 케이크 좋아하지? 내가 웨딩케이크 남은 거 포장해 두었어."

결혼식과 피로연에 정신없는 하루를 보냈던 크리시는 언제 나를 위해 케이크까지 챙겨 놓았는지. 나는 평소에도 그녀

의 따뜻한 마음씨에 감동했던 적이 많았지만, 이렇게 또 큰 정을 나눠 주는 걸 보면서 마음이 시큰했다. 그녀의 결혼식을 위해 케이크를 손수 만들어 온 사람들을 이해할 것도 같았다.

미리 알았다면 나도 뭔가 만들어 갔을 텐데.

집에 돌아와 은박포장지를 열어 보니 케이크는 가방 안에서 여지없이 뭉개져 있었다. 나는 진한 커피를 내려 작은 초콜릿 케이크 한 조각을 맛보았다.

그들의 달콤한 사랑, 그녀의 깊은 애정이 담겨 있어서 그럴까. 볼품없이 찌그러진 초콜릿 케이크는 그 어느 때 먹었던 것보다도 입 안에 착착 감겨들었다.

FRITOLE GALANI

꿈을 깨거나 꿈을 꾸거나
프리톨레와 갈라니(이탈리아 베네치아)

회색빛. 바다색에 대한 선호를 묻는다면 나의 대답은 그렇다. 하늘과 바다의 경계가 무너진 흐린 날의 바다를 좋아한다.

아직은 겨울인 2월에 베네치아에 간다고 했을 때 푸른 바다를 보지 못할 것이라는 누군가의 염려는 나에겐 기대로 다가왔다.

"회색 바다를 볼 수 있겠구나……."

베네치아의 깜짝선물

뮌헨에서 자동차로 4시간여 달렸다. 알프스를 넘고 이탈리아 땅으로 들어서면서 견고한 독일의 겨울 빛은 조금씩 깨지고 있었다. 평소에 시끄럽다고 여겨지던 이탈리아어도 이 계절에 들으면 경쾌하기까지 하다.

베네치아 섬으로 향하며 보이는 아스라한 회색빛 수평선의 아드리아틱 바다…… 그 위에 판타지 영화의 장면처럼 떠 있는 건물들. 베네치아에서만 느낄 수 있는 이 비현실적인 두근거림…… 2년 만이구나. 반갑다.

놀랍게도 비수기라고 생각했던 그 계절에 산마르코 광장으로 가는 수상버스는 만원이었다. 게다가 알록달록한 옷을 입은 꼬마들의 행렬이라니. 뭔가 있어.

아직 우리만 눈치채지 못한 숨겨진 활기가 곳곳에 흐르고 있었다. 수상버스에 오르며 우리는 베네치아 근처 파도바에 있는 친구 다니엘레에게 전화를 걸어 안부를 물었다. 베네치아까지 와서 파도바에 들르지 않는다고 약간의 섭섭한 마음을 드러내며 특유의 밝은 수다를 늘어놓았다. 그러면서 하는 말.

"하긴, 카니발 즐기느라 정신없겠지."

아! 비로소 우리 주위에 흐르던 특별한 기류의 정체가 밝혀졌다.

"모르고 왔어? 이런! 럭키 가이들~ 가면 하나씩 사서 쓰고 다녀 보라구."

전화를 끊고 주위를 살펴보았더니, 가면을 쓴 여행자들의 모습이 눈에 들어온다. 평소에도 그런 사람들이 보이기에 이상하다고 생각하지 못했는데, 많은 건 사실이다. '이 정도쯤이야……' 하고 산마르코 광장에서 내렸는데.

"오 마이 갓!"

"꺄악……."

"언니 어떡해!"

남편, 나, 여동생은 각자의 감탄사를 터뜨렸다. 우리는 바다 위에서 섬의 땅을 밟는 것이 아니었다. 회색빛 바다로 둘러싸인 어느 꿈 속으로 들어가는 중이었다.

영화 속을 걷다

산마르코 광장은 여전히 붐볐다.

비둘기와 여행자, 그리고 가면의 그들로.

슥슥. 얇은 에메랄드빛 드레스 자락이 옆을 스치고 지나간다. 그녀는 표정 없는 새하얀 가면을 쓰고 땅 위를 떠다니듯 걸어가고 있었다. 내 앞으로 걸어오는 두 남녀는 황금빛 가면에 진한 녹색의 벨벳 드레스를 입고 다가오고 있었는데, 가까이 다가오니 오싹할 정도로 그로테스크한 분위기를 풍겼다.

건물 발코니에서는 피에로가 내려다보고 있었으며, 바닷가에는 오페라에서 튀어나온 듯한 남자유령이 가로등에 기대어 서 있었다. 여긴 꿈속이라고밖에 말할 수 없었다.

독일에 살면서 카니발을 몇 번 경험해 봤지만, 베네치아 카니발은 차원이 달랐다. 1268년부터 시작된 베네치아의 카니발은 신분에 관계없이 가면을 쓰고 화려한 복장을 한 채 자유를 발산하는 축제로 유명하다.

가면으로 얼굴을 숨긴 채 귀족을 조롱하기도 했고, 부정한 사랑을 나누기도 했다고 한다. 지금은 화려한 복장과 개성 있는 분장을 통해 베네치아를 중세시대로 완벽하게 탈바꿈시키는 아름다운 카니발로 전 세계의 여행자들을 불러들이고 있다. 우리는 아무런 정보 없이 이곳에 왔다가 불쑥 영화 같

은 장면들을 마주해 버린 것이다.

꿈인지 생시인지 모르고 가면 쓴 그들을 쫓아다녔다. 그들은 이 축제를 위해 1년 내내 가면과 의상을 정성스럽게 준비한다고 한다. 그래서인지 차림새뿐만 아니라, 걸어다니는 몸짓이나 가면 속 눈빛 하나에서도 진지함이 묻어난다. 회색빛 바다 쪽에 서 있는 그는 바다와 어울리는 쓸쓸한 분위기를 완벽하게 연출했고, 노천카페에 앉아 있는 그녀는 우아하고 도도한 자태를 드러내고 있었다.

우리는 무엇에 홀린 듯 그들을 따라 두칼레 궁전을 지나고 리알토 다리를 건너고 다시 산마르코 광장으로 돌아오고…… 다리가 아픈지도 몰랐고 같은 골목을 또 돌아와도 정말 꿈속인 듯 몽롱한 기분에 취해 있었다.

골목에서도 물 위의 곤돌라에서도 가면을 쓴 그들이 나타났고, 여기저기서 울려 퍼지는 바로크 음악이 우리의 꿈을 깨지 못하도록 견고하게 붙잡아 두었다. 좁은 골목에서 진한 바이올렛색 드레스를 입은 두 커플이 우리 시야에서 사라지자 그때서야 피곤함이 몰려왔다.

"우리 좀 쉬자……."

카페 플로리안에서 만난 그것은…

그들을 피해 숨어들듯 카페 안으로 풍덩. 우리는 몇 시간을 쉬지 않고 걸은 탓에 카페에 들어서자마자 다리가 풀렸다. 붉은 벨벳 의자에 등을 기대고 하얀 대리석 탁자에 카메라를 털썩 내려놓았다. 프레스코화가 걸린 금빛 벽 아래로 우리처럼 카페 안으로 도피해 온 여행자들이 나른하게 쉬고 있었다.

커피 한 잔을 마시고 달콤한 케이크를 먹으며, 조금 전까지의 흥분된 기분을 가라앉히자.

메뉴판도 안 보고 카푸치노를 주문했는데, 웨이터가 한 장의 메뉴판을 나에게 내밀었다. 그 종이 위에는 처음 보는 동그란 도넛 같은 빵과 설탕 파우더가 뿌려져 있는 얇은 과자가 사이좋게 접시에 담겨 있는 사진이 있었다.

그 사진 속 빵들은 전혀 특별하게 생기지 않았지만 나는 곧 유혹당하고 말았다. '카니발에서만 맛보는 특별한 음식'이라는 설명이 대문작만 하게 쓰여 있었기에.

웨이터가 가져다준 카페 플로리안 특유의 은색 트레이에는, 커피와 함께 사진과 100퍼센트 일치하는 예쁘지 않은 빵들이 올려져 나왔다. 이 유서 깊고 우아한 카페하우스에서 내놓은 카니발 빵이라고 여겨지지 않을 만큼 볼품없었다.

기름에 튀긴 듯한 동그란 도넛엔 건포도가 박혀 있었고 작게 슈크림까지 올라가 있었으며, 길고 얇게 튀긴 과자엔 부담스러울 정도로 소복하게 파우더 설탕이 뿌려져 있었다.

웨이터는 도넛을 가리키며 프리톨레(Fritole)라 했고, 과자는 갈라니(Galani)라고 알려 주었다. 프리톨레의 설탕을 조금 털어낸 뒤에 한입 베어 먹어 보니, 쫀득하고 달달한 맛이 우리네 동네에서 파는 길거리 도넛과 크게 다르지 않았다. 다만 건포도가 씹히고 순간적으로 뭔가 알코올의 시큼한 맛이 느껴지는 듯한 것이 다른 점이라 할까.

갈라니는 만지면 쉽게 부서질 정도로 바삭거렸는데, 파우더 설탕이 왜 뿌려져 있는지 알 것도 같았다. 그냥 튀긴 과자 상태로 먹으면 아무 맛도 나지 않을 것이기 때문에.

남편과 동생은 커피와 전혀 어울리지 않는 이 튀긴 디저트들을 눈으로만 즐겼다. 나 홀로 전혀 이색적이지 않은 카니발 빵들을 열심히 탐미했다. 꿈같은 시공간의 맛이라고 하기엔 너무나 익숙한 맛이다.

현실적인 맛. 일상의 맛. 어제도 먹었던 그 맛.

카페 밖은 여전히 가면 쓴 그들의 세상. 몽환의 그곳을 창을 통해 액자 건너 그림 보듯 바라본다. 나는 드디어 프리톨레 하나를 다 먹고서 꿈을 깬 것 같다.

가면무도회 같은 카니발 덕분에 일정을 바꾸어 베네치아

에 이틀이나 머물렀다. 그러면서 카페에서 맛보았던 못난 프리톨레와 갈라니와도 많이 친해졌다. 카니발이 시작되면 베네치아의 모든 빵집과 카페에서 프리톨레를 튀겨 내놓았다가 카니발이 끝나면 흔적도 없이 메뉴에서 사라진다고 한다.

그 얘기를 듣고 나니 프리톨레가 더 쫀득하게 느껴지고, 갈라니의 바삭거림이 유쾌하게 다가오는 것이었다. 내 혀도 카니발이라는 일탈적인 분위기에 물들었나 보다. 나는 이틀 내내 온몸을 불사르면서 가면과 드레스를 쫓아다녔으며, 밤에는 호텔로 돌아와 슈퍼에서 산 갈라니 한 봉지를 아삭아삭 다 먹어치웠다.

나의 2월이 이렇게 즐거웠던 적이 있었던가.
해마다 2월에 베네치아로 갈 수만 있다면 얼마나 좋을까.
그렇지 못할 것이라는 걸 안다.
대신에 기꺼이 내 주방으로 달려가 프리톨레를 튀기리라.
그리고 맛으로 추억을 불러내 보리라.

뮌쉬너 율리안의 백일상
프린츠레겐텐 토르테와 브로트차이트 (독일 뮌헨)

유난히 눈이 많이 오고 추웠던 한겨울을 건강하게 잘 나고, 우리 율리안(Julian)은 반짝반짝 빛나는 5월에 백일을 맞았다. 손주의 백일에 맞춰 수수팥떡과 백설기, 그리고 백일반지를 들고 시부모님께서 뮌헨으로 오셨다. 덕분에 백일 당일엔 소박한 백일 떡상을 차려 기념사진을 찍었고, 멀리는 못 가고 가까운 오스트리아 할슈타트로 백일여행을 다녀왔다.

썰렁할 뻔했던 백일날 서울에서 오신 어른들과 작게나마 한국식 전통 음식을 차리고, 그동안 튼튼하게 잘 자라 준 아기를 데리고 여행을 다녀왔다는 것만으로도 뿌듯한 백일을 보냈다고 생각했다.

여행을 다녀와서 게랄드와 크리시를 만났는데, 그들은 독일에는 없는 '아기의 백일'에 대해 크게 관심을 보였다.

"미리 알려주지 그랬어. 우리, 루카와 페페도 불러서 다시 율리안 백일파티를 열어 보는 게 어때?"

게랄드의 한마디로 시작된 율리안의 두 번째 백일파티. 어떻게 준비해야 할까.

크리시는 파티 플래너

독일에서 아이의 백일상을 차리는 한국인 부부들은 보통 큰 떡케이크를 준비하고, 여러 가지 과일과 꽃으로 장식하는 것 같았다. 하지만 한국식 백일상을 차리기엔 독일에서 구할 수 있는 것이 많지 않았다. 나도 특별하게 상을 차릴 생각이 없었고, 그냥 백일 케이크를 직접 만들어 보려는 정도였다.

그러나 이건 나의 안일했던 계획이었고, 크리시에게 전화가 왔다.

"율리안은 한국인이지만 지금은 뮌쉬너(Münchner, 뮌헨사람)잖아? 우리가 어렵지 않게 그 의미를 살릴 수 있을 것 같아."

크리시에게 무슨 계획이 있는 걸까. 수화기 너머로 그녀는 조근조근 때로는 굉장히 들뜬 목소리로 백일상 아이디어를 얘기해 주었다. 뮌헨이 속한 바이에른 주의 토박이인 크리시와 게랄드는 우리에게 바이에른 식 브로트차이트(Bayerische Brotzeit) 백일상을 제안했다.

브로트차이트! 남편과 내가 비어가르텐에서 즐겨 먹는 것이기도 하다. 원래 '브로트(Brot, 빵) + 차이트(Zeit, 시간)'의 합성어로 '빵을 먹는 시간'이라고 직역이 되는데, 바이에른에서는 아침이나 점심, 저녁 식사 사이에 먹는 간식을 부르는 말이다.

간식을 나타내는 독일어는 지역과 간식을 구성하는 음식이나 먹는 시간에 따라 여러 표현이 있다. 바이에른 지방에서는 시큼한 바우어른브로트(Bauernbrot) 빵과 브레첼을 기본으로

여러 햄과 빨간무, 빵에 발라 먹는 치즈, 감자샐러드 등을 나무로 만든 두꺼운 접시에 담아내는 스타일을 브로트차이트라고 부른다. 그 브로트차이트와 맥주가 놓여 있는 식탁 풍경은 바이에른의 어느 곳에서나 흔하게 볼 수 있다.

햇살 따뜻한 오후의 비어가르텐에서 브로트차이트를 즐기는 이들의 모습에서는 남부지방 특유의 여유로움과 시끌시끌한 분위기가 묻어난다.

우리는 집 가까이에 있는 뮌헨의 유명한 맥주인 아우구스티너(Augustiner)의 비어가르텐에 자주 갔었다. 숲처럼 큰 나무들 사이로 드넓은 레스토랑의 정원에는 테이블마다 시원한 맥주를 즐기는 이들로 가득하다. 놀이터까지 있어서 아이들을 데리고 오는 가족단위 손님들이 많고 우리처럼 유모차를 끌고 오는 이들도 있다. 남편과 내가 맥주 한 잔과 브로트차이트를 즐기는 사이, 율리안은 유모차에 누워 초록빛 나뭇잎들이 살랑살랑 바람에 흔들리는 것을 보면서 옹알이를 하며 좋아했다.

비어가르텐은 맥주를 파는 곳이지만 가족들에게 쉼과 놀이의 시간을 제공하며 도심 속에서 산자락 아래의 나무 그늘이 주는 기분까지 만끽할 수 있는 남부독일을 대표하는 공간이다. 특별함은 가까이에 있었고 주말마다 만나던 풍경이었다.

그렇게 바이에른 브로트차이트 백일상을 차리기로 한 후,

크리시는 메일로 준비해야 할 리스트를 보내왔다. 빵은 어떤 빵을 골라야 하는지, 챙겨야 할 햄의 종류는 어느 것인지, 흰 소시지는 어떻게 익혀야 하는지, 감자샐러드는 어디에서 사야 맛있는지.

꼼꼼하고 자상한 크리시의 코치를 받으며 그냥 따라하면 그만인걸. 백일상 차리기가 이렇게 쉬워지다니.

하나의 부담이라면 케이크를 직접 만드는 것이었는데, 크리시는 그마저도 아주 시원한 답을 내주었다. 역시 독일 살면서 마음을 깊이 나누는 독일인 친구가 있다는 건 보험을 든 듯 해결사를 얻은 듯 마음이 든든하다.

우리아기 백일상은 바이에른 스타일

크리시는 바이에른 주에서 유명한 케이크가 있다고 했다. 굳이 내가 만들지 않아도 뮌헨의 어느 빵집에서나 살 수 있으니 걱정 말라며 알려준 케이크의 이름은 프린츠레겐텐 토르테(Prinzregententorte). 무슨 케이크 이름이 이렇게 길고 어려운가!

PRINZREGENTENTORTE…… 라는 식의 음식 이름을 일일이 수첩에 메모하면서 어떻게 밥을 맛있게 먹을 수 있

단 말인가? 나는 못한다. 대학 1학년 때의 독일어 강의가 생각나서 속이 거북해진다. - 무라카미 하루키 〈먼 북소리〉 중에서

하루키에게도 쉽지 않았던 것에 작은 위안을 얻는다.

그러고 보니 나는 이 케이크를 자주 먹었었다. 뮌헨의 카페나 빵집에서 이 케이크를 보고 나는 늘 '자허 토르테 주세요' 했었다. 그럴 때면 빵집 아가씨는 '프린츠레겐텐 토르테'라고 알려주었는데, 빨리 말하면 전혀 알아들을 수가 없었다.

그리고 뮌헨에 정착하기 전에 이 도시로 처음 여행 왔을 때 달마이어 카페에서 맛있게 먹었던 그 레이어드 초코케이크가 바로 프린츠레겐텐 토르테였고, 크리시의 웨딩케이크의 일부 또한 이 케이크로 만들어져 있었다.

겉은 단단하게 초코 코팅이 감싸고 있고, 안은 층층이 스펀지 케이크 사이로 초콜릿버터 크림과 살구잼이 발려 있었다. 진한 커피와 마시면 몇 조각은 거뜬히 먹게 되는 중독성 깊은 맛이다.

이름은 바이에른 왕국의 루이트폴트 왕자의 요리사가 만든 케이크에서 유래되었다고 한다. 뮌헨에서 케이크가 맛있

기로 유명한 뮌쉬너 프라이하이트 콘디토라이에 날짜를 맞춰 백일 케이크까지 예약을 마치고.

드디어 율리안의 두 번째 바이에른 스타일 백일파티 날.

파란색과 흰색이 섞인 바이에른 테이블보를 덮은 상 위에는 비어가르텐의 음식들이 차려졌다. 아침에 케이크를 가져오면서 사온 빵들, 빵에 발라 먹는 바이에른의 치즈크림인 오바짜, 각종 살라미와 햄들, 고기를 갈아 만든 바이에른의 햄인 뜨거운 레버캐제, 방금 익힌 하얀 소시지와 달콤한 겨자, 햄샐러드, 감자샐러드, 그리고 작은 빨간무와 장식으로 하얀 아스파라거스인 슈파겔까지.

그리고 백일상이지만 브로트차이트에 빠질 수 없는 맥주는 알코올이 없는 것으로 준비했고, 크리시는 나를 위해 직접 딸기주스를 만들어 왔다. 축구클럽인 FC 바이에른 뮌헨의 작은 축구공과 아기의 무병장수를 기원하는 명주실도 한쪽에.

주인공 율리안은 바이에른의 남자 전통 상의인 붉은 체크무늬 셔츠를 입고 범보 의자에 앉아 엄마 아빠의 친구들로부터 축하 세례를 받았다. 게랄드와 크리시는 아우크스부르크 축구클럽에서 뛰는 한국인 구자철 선수의 사인이 담긴 아기 유니폼을, 루카와 페페는 파리여행에서 사온 디즈니 인형을 선물해 주었다.

율리안이 피곤해하지 않도록 축하는 간단하게 나누고 모

두 흥겨운 모습으로 기념사진을 찍었다. 그리고 상 위에 차린 브로트차이트를 점심식사 대신으로 푸짐하게 먹었다. 저녁에는 아기를 재운 후, 갈비찜과 여러 한국음식을 함께 만들어 먹으며 맛있고 따뜻한 시간을 이어갔다.

파티를 마치며 백일상의 남은 빵과 케이크를 친구들에게 싸주다 보니, 백일떡을 챙겨주는 기분이 들어 뿌듯하기도 하고…….

백일 된 아기가 이 모든 의미를 어떻게 알 수 있을까. 다만 뮌헨에서 태어나 이곳의 사람들과 행복한 한순간을 보냈었다는 추억을 만들어 주고 싶었다.

율리안이 크면 이날의 모습을 보면서 웃을 수 있기를.

마지막 밤과 첫 새벽 사이에

마지판과 크라펜(독일 뮌헨)

뮌헨의 마리엔 광장.

12월 내내 크리스마스 시장으로 매일매일 넘쳐나는 인파와 거대한 트리로 축제같은 한 달을 보낸 후, 25일이 지나면 언제 그런 화려한 날들이 있었냐는 듯 시장이 철수한 광장은 황량하기 그지없었다. 날씨마저 흐리면 광장의 고딕건축물인 신 시청사는 그로테스크한 분위기까지 풍겼다.

이제 일주일도 남지 않은 한 해. 벌써 사람들은 고향으로 혹은 남쪽으로 휴가를 떠나기 시작했고, 상점은 내년에 문을 열겠다는 휴가공지를 문 앞에 붙여 놓기도 했다. 그건 타향살이를 하는 우리에겐 한없이 고독하고 조용한 날들의 예고이기도 했다.

크리스마스가 끝난 연말연시의 며칠을 어떻게 보내야 할까.

돼지, 무당벌레, 네잎클로버

독일에서는 한 해의 마지막 날과 새해 첫날은 거의 모든 상점이 문을 닫는다. 그사이에 일요일이라도 끼게 되면 꼼짝없이 3일 동안 어떤 쇼핑도 할 수 없게 된다.

베를린에서 첫 연말을 맞았을 때는 어디든 문을 열겠지 하고 안일하게 생각했다가, 빵과 물이 떨어져 곤혹스러웠던 적이 있다. 그 후에는 미리 여유롭게 쇼핑도 하고 식료품도 많이 구비해 놓는 습관이 생겼다.

이때 쇼핑을 하러 백화점이나 슈퍼에 가면 유난히 눈길을 끄는 삼총사들이 있었다. 상점들의 쇼윈도는 모두 이 삼총사들의 독무대라고 해도 과언이 아닐 정도였다. 바로 돼지, 무당벌레, 네잎클로버다.

왜 이 시기에 이들 삼총사가 인기가 있는지는 굳이 설명하지 않아도 감으로 충분히 알아낼 수 있을 것이다. 네잎클로버와 돼지는 우리나라에서도 비슷한 이미지를 가지고 있어서 말할 것도 없을 것이고, 독일에서는 무당벌레 또한 행운의 상징.

곤충도 빨간색이 돌면 행운이 상징이 된다. 빨간 무당벌레가 그렇다. 무당벌레는 귀엽게 느껴지는 유일한 곤충이다. 무당벌레는 또 해로운 벌레들을 잡아먹기 때문에 유용하기도 하다. 그래서 독일의 무당벌레는 '마리아의 딱정벌레'라는 명예로운 이름을 얻었다.   - 에바 헬러 〈색의 유혹〉 중에서

독일에서 파는 생일카드나 축하카드를 보면 가장 흔하게 볼 수 있는 그림이 네잎클로버 위의 무당벌레다. 언젠가 우리 집 발코니에서 유리창에 붙은 무당벌레를 본 남편이 휴지로 싸서 버리려고 했던 적이 있다. 그때 옆에 앉아 있던 게랄드

가 "나인(Nein, no의 뜻)!"을 외치며 그 휴지 속의 무당벌레를 하늘로 날려 보냈었다.

게랄드는 어려서 시험 볼 때도 무당벌레 인형을 들고 다녔다면서, 그 행운의 존재감에 대해 얘기해 주었다. 그 후 벌레를 무서워하는 나도 무당벌레에게는 큰 아량을 베풀곤 했다.

내가 무당벌레와 결정적으로 친해진 계기는, 연말에 가는 곳마다 만났던 귀엽고 말랑말랑한 마지판 무당벌레 덕분이다.

"어떻게 이걸 먹지?"

귀여웠지만 그걸 먹는다는 건 큰 용기가 필요했다.

"왜? 넌 하리보(Haribo, 독일의 유명한 젤리)도 잘 먹잖아."

함께 보고 있던 크리시가 무당벌레 하나를 집어들고 대꾸했다. 혐오스러운 뱀 모양이나 너무 사실적인 스머프 모양의 하리보를 잘 먹는 것도, 엄청난 그 색소에 무심한 것도 맞았다.

크리시가 산 무당벌레는 아몬드와 설탕, 달걀을 섞어 만든 '마지판(Marzipan)'이다. 유럽인들은 마지판을 무척 좋아하는 것 같다. 이탈리아의 시칠리아에 보았던 '빠스타 디 만돌레'나 프랑스 앙시의 한 파티세리에서 보았던 미니어처 인형같이 사실적이었던 마지판 과자, 그리고 슈톨렌 같은 빵이나 초콜릿에 마지판이 들어가는 것을 보면 말이다.

사실 뭔가 빵이나 과자의 한 재료처럼 느껴져 마지판 그 자체로만 먹으면 부담스러웠는데, 거기에 색을 입히고 구체적인

모양까지 만들어 놓으면! 입으로 가져가기 참 어려워진다.

카니발이나 부활절, 크리스마스 때도 마지판은 그 이벤트에 맞는 모양으로 많이 선보이지만, 연말처럼 풍성하지는 않은 것 같다. 빵집마다 고유의 모양으로 돼지나 무당벌레 모양의 마지판들을 내놓는데 그걸 구경하는 재미가 매우 쏠쏠하다. 산타가 사라진 연말에 이 돼지와 무당벌레의 미세하게 다른 변신들이 큰 재미.

뮌헨에는 유명한 고급 식료품점인 '달마이어(Dallmayr)'가 있다. 연말에 가장 바쁜 곳 중 하나인데, 이곳에 가면 수십 가지 모양과 크기의 돼지와 무당벌레 마지판을 만날 수 있다. 핑크빛 도는 튼실하고도 정답게 생긴 돼지들이 멋진 폼을 잡고 서 있고, 새끼들을 품기도 하며, 네잎클로버를 들고 웃고도 있다.

나는 이 귀여운 연말 친구들을 집으로 데려오지 않을 수 없었다. 아마도 먹을 생각을 전혀 하지 않고 산 유일한 과자이기도 하다. 그래서 식탁도 아닌 책상 위에 포장도 풀지 않은 채 올려놓고 보고 또 보고.

크라펜 먹고 새해 복 많이 받으세요

이틀 후면 새해. 빵집과 슈퍼마켓이 문을 닫기 전에 남편과 나는 부지런히 장을 보러 나갔다. 마지막 날 밤에 차릴 라클렛(Raclette) 식탁을 위해 치즈와 살라미도 사고, 곁들일 파리지엥 바게트도 사야 했다. 새해를 알리는 불꽃놀이를 보면서 마실 와인도 한 병 골라야 했고.

우리는 파리지엥 바게트가 맛있는 한 프랑스 빵집에 들렀는데, 거기서 남편의 회사 동료인 파스칼을 만났다. 연말 파티에서 한 번 보았던 터라 자연스럽게 나도 인사를 나눴다. 고향인 프랑스 릴에 가려고 했지만, 이번에는 눈이 많이 와서 뮌헨에서 연말을 보내기로 했다고.

"그래서 이걸 샀어요" 하며 보여준 널쩍한 파이상자. 그 안에는 나뭇잎 모양이 새겨진 둥근 파이가 들어 있었다. '갈레트 데 루아(Galette des Rois)'라는 이름의 이 빵이 프랑스의 전통 새해 빵이라고 했다. 원래 이 빵 안에 작은 도자기 인형을 숨기고, 인형이 들어간 조각을 먹는 이에게는 왕관을 씌워 주면서 축복을 해준다는 얘기도 들려줬다.

언젠가 새해 해외토픽 뉴스에서 프랑스 당시 대통령이었던 사르코지가 자르던 큰 파이가 갈레트 데 루아였던 것이 기억났다. 빵을 나누고 인형을 찾고 기뻐해 주는 새해 아침이 얼마나 즐거울까. 그때 나는 언젠가 갈레드 데 루아를 만들어 가족들과 나눠 먹으리라 다짐을 했던 것 같다. (아직 그 아침을 못 만나고 있지만…….)

프랑스 빵집에 들른 후, 우리는 동네 독일 빵집을 들르는 것도 잊지 않았다. 크라펜(Krapfen)을 사기 위해서다. 독일의 축제일에 즐겨 먹는 전통 도넛인 크라펜. 우리나라의 새해에 가래떡을 먹듯 추석에 송편을 빚듯, 이곳에서는 특별한 날에 이 빵을 먹는다.

독일의 질베스터(Silvester)라 불리는 12월 31일에는 질베스터크라펜을 먹어야 한 해를 마무리하는 기분이 든다. 설탕아이싱이 듬뿍 덮인 크라펜을 사고, 우리는 든든한 마음으로 집으로 돌아왔다.

질베스터의 아침은 휴일의 어느 날과 다르지 않다.

잠시 책상에 있는 무당벌레 마지판을 보며 먹을까 말까 망설여 보기도 하고, 오랜만에 눈 내린 영국공원을 산책한다. 저녁에는 라클렛을 배불리 먹고, 후식으로 달고 기름진 크라펜을 먹는다. 그리고 12시가 되면 시끄러운 폭죽소리에 잠시 놀라고, 성모교회가 보이는 발코니에 서서 불꽃놀이를 구경한다. 젝트 한잔을 나누면서.

새해 복 많이 받으세요!

프로헤스 노이에스 야례(Frohes Neues Jahr)!

울름 빵문화 박물관에서

뮌헨에서 한 시간 거리의 도시, 울름(Ulm). 유난히 파란 하늘을 보며 울름으로 가는 길은 일요일의 여유가 가득했다. 나는 가장 높은 고딕 대성당을 보겠다는, 남편은 아인슈타인의 고향에 간다는 소박한 기대가 있었다. 도시에 다다랐을 때 낮은 건물들 사이로 대성당의 첨탑이 뾰족하게 드러났다. 주차를 한 뒤 유모차를 끌고 대성당이 있는 광장으로 향했다. 성당 주변으로 쉴 만한 노천카페들이 많아 휴일의 오후를 즐기는 이들이 많았다.

우뚝 솟은 거대한 고딕 첨탑의 위엄 있는 모습과는 달리, 작은 도시의 광장은 평화로운 기운으로 가득했다. 대성당을 보고 난 후에 그늘을 따라 골목길 사이사이를 오가다가 우연히 그 곳을 발견했다. 그곳에서 머물렀던 한 시간은 울름이라는 도시를 '빵'으로 기억하게 만들었다.

Museum der Brotkultur. 하얀 건물 벽에는 이렇게 쓰여 있었다. 우리말로 하면 '빵문화 박물관'이라는 뜻이다. 그냥 빵 박물관도 아니고 빵문화 박물관이라니. 초여름의 뜨거운 태양도 피할 겸 우리는 건물 안으로 들어갔다. 브레첼을 든 제빵사 인형이 천장에 매달려 입구를 지키고 있었다. 안내데스크의 여인은 유모차를 보자마자 수월하게 들어올 수 있도록 문을 열어 주었고, 박물관 가이드를 주며 친절하게 설명해 주었다.

이 빵문화 박물관은 1955년에 세워질 당시 세계 최초의 빵 박물관이었다고 한다. 빌리 아이젤렌(Willy Eiselen)은 아들 헤르만 아이젤렌(Hermann Eiselen)과 함께 이 박물관을 만들면서 빵과 관련된 모든 정보를 수집하기 시작했다. 그 결과, 박물관의 소장품은 1만 8천여 점이나 되며, 빵과 관련된 서적만 해도 7천여 권이 넘는다고 한다.

아치형의 우아한 천장 아래 1층에는 1900년대 빵집의 시설을 모형으로 보여 주고 있었는데, 크기나 설비가 사실적이어서 빵을 오븐에 넣는 아저씨 옆에서 구경하고 싶을 정도였다. 그 옆으로 넓은 로비에는 오래된 빵과 관련된 문헌들이 유리 케이스 안에 전시되어 있었다.

2층은 '곡식의 낟알이 빵이 되기까지'라는 주제로 6천 년의 빵의 역사에 대해 보여 주는 곳이었다. 곡식을 추수하던 모습에서부터 그 곡식으로 지금의 빵과 같은 음식을 만들던 원시적인 방법, 그때 사용하던 도구들을 모형이나 그림을 통해 직관적으

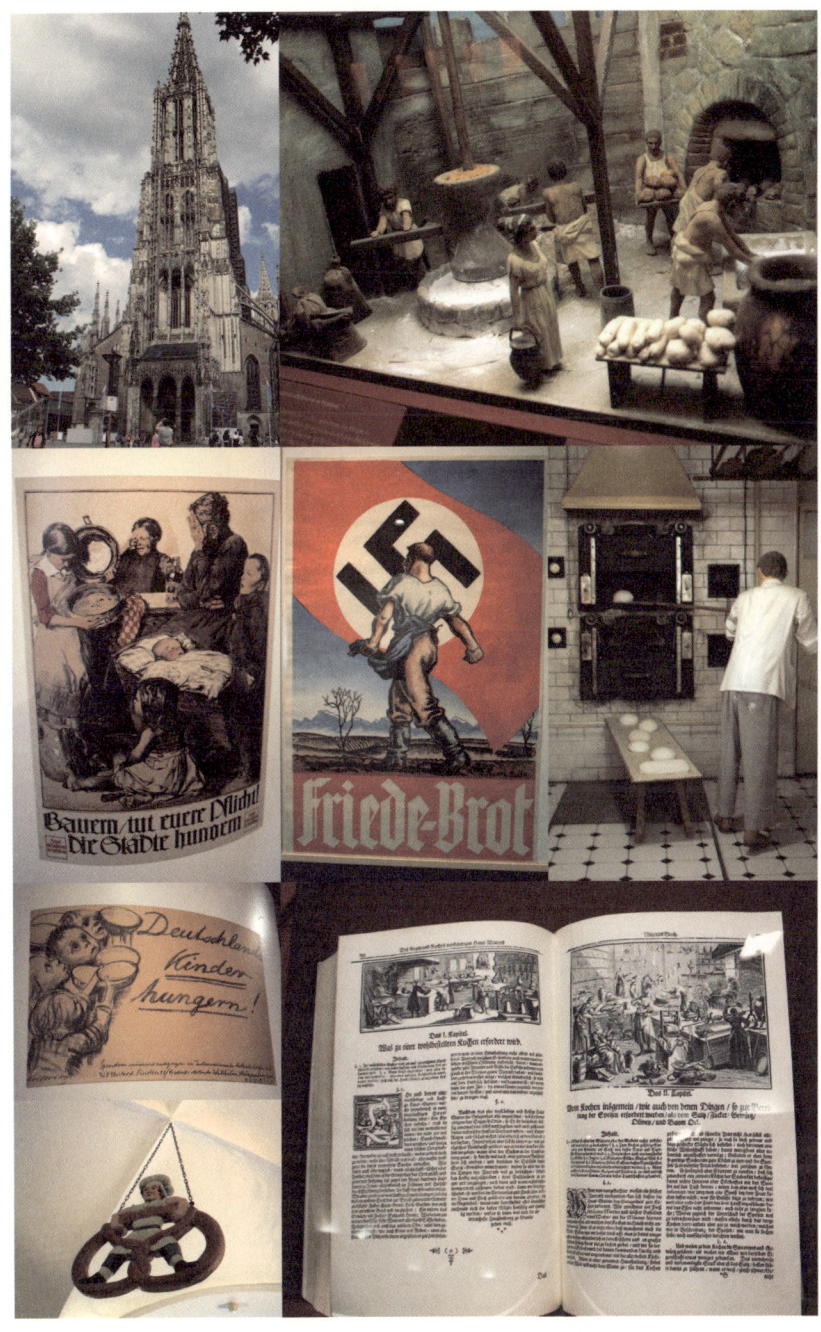

로 보여 주었다.

3층은 '빵과 사람'이라는 주제. 이곳에서는 종교에 나타난 빵의 의미, 기근의 시대에 빵에 투영된 고통의 모습들, 예술작품에 보이는 빵의 아름다움들을 볼 수 있었다. 이 공간에서 꽤 오랫동안 머물렀다. 솔직히 고백하자면 이 전시들을 통해 나는 작은 충격을 받았다. 나에게 빵은 언제나 감성적이고 풍요로운 대상이었다. 먹음직스럽고 예쁜 빵을 고르고, 먹고 싶은 만큼 먹었으며, 좋아하는 사람들과 마음껏 나누는 데에서 나는 충만함과 기쁨을 누렸다. 그런데 이곳에서 만난 빵은 달랐다. 빵이 이렇게 기술적이고 사실적으로 다가온 적이 없었다.

그곳에는 빈 빵상자를 들고 우는 아이들과 그 옆에서 비쩍 마른 손가락으로 얼굴을 가린 채 흐느끼는 엄마, 퀭한 눈으로 빈 그릇을 들고 빵을 달라는 기아들, 나치의 하켄크로이츠 아래 '평화와 빵'을 외치는 사람들이 있었다. 그 모습들은 같은 공간에서 본 살바도르 달리와 피카소가 그린 빵의 풍요로운 모습들보다 강하게 각인되었다.

부족한 시대나 전쟁을 경험하지 못한 나에게는, 빵은 살아남기 위해 먹는 것이 아니라 배가 터지도록 먹고 싶은 만큼 먹는 것이었다. 3층을 돌아서 내려오는 내내 그 아이들의 표정이 떠올라 마음이 아프고 왜 그토록 내 자신이 부끄러웠는지…… 다행인 건 이 박물관의 아이젤렌 재단이 세계의 기아를 줄이는 것을 목표로 빵과 관련된 학문적 연구를 지원하고 있다는 것이다.

하얀 식빵처럼 생긴 착한 박물관을 나오면서 나는 고민에 빠졌다. 나도 뭔가 할 수 있지 않을까.

크리스마스에는 슈톨렌을 구워 우리 가족들의 식탁에 올려 주려고 했다. 우리 율리안이 조금 더 크면 브레첼을 만들어 나눠 먹고 싶었고, 부활절이 되면 토끼빵을 구워 주고 싶었다.

친구들을 만나러 가는 길에는 빛깔 고운 슈피츠부벤 쿠키를 만들어 가야지, 아빠에겐 건강하시라고 판포르테를 구워 선물해야지. 예쁘고 맛있고 새롭고 건강한 빵이 주는 행복감. 내 사람들과 나눌 수 있다면 빈 빵상자를 들고 있는 누군가와도 나눌 수 있지 않을까.

울름을 떠나며 언젠가 빵으로 할 수 있는 최선의 위로에 대해 생각해 본다. 동화책 속의 렙쿠흔에 대해 이야기해 주고 함께 만들 수 있을 것이다. 새해 케이크 안에 넣은 인형을 찾은 아이에게 왕관을 씌워 줄 수도 있을 것이다.

기다려 봐요. 버터향으로 마음을 달래 주고 상처에는 초콜릿 크림을 발라 줄게요.

p.s. Mein Schatz CS und mein Sohn Julian, danke für alles.

유럽, 빵의 위로

초판 1쇄 발행 2013년 1월 10일 초판 5쇄 발행 2015년 3월 10일

글·사진 구현정 펴낸이 연준혁

출판6분사분사장 이진영
편집 정낙정 박지숙 최아영 디자인 강경신

제작 이재승

펴낸곳 (주)위즈덤하우스 출판등록 2000년 5월 23일 제13-1071호
주소 경기도 고양시 일산동구 정발산로 43-20 센트럴프라자 6층
전화 031)936-4000 팩스 031)903-3893 홈페이지 www.wisdomhouse.co.kr
종이 월드페이퍼 인쇄·제본 영신사 후가공 이지앤비

값 13,000원 ⓒ구현정, 2013 ISBN 978-89-5913-714-5 03810

• 잘못된 책은 바꿔드립니다.
• 이 책의 전부 또는 일부 내용을 재사용하려면
  사전에 저작권자와 (주)위즈덤하우스의 동의를 받아야 합니다.

국립중앙도서관 출판시도서목록(CIP)

유럽, 빵의 위로 / 구현정 지음. -- 고양 : 위즈덤하우스, 2013
 p. ; cm

ISBN 978-89-5913-714-5 03810 : ₩13000

빵
한국 현대 수필[韓國現代隨筆]

814.7-KDC5
895.745-DDC21   CIP2012006139